えん93のアイスボックスクッキー

クマ彦とおいしい仲間たちの楽しいおやつ
どこを切ってもほのぼのの

誠文堂新光社

はじめに

3人の子どもたちがまだ小さかった頃に、クマ彦は、らくがきから生まれました。
手作りのおやつをこしらえては、森の仲間たちにふるまうクマ彦は、
みんなのやさしいお母さんのような、
ある時は頼れるお兄さんのような、そんな存在でした。
私も当時バタバタとしながらも、クマ彦と一緒に絵本の中にいるような
子育ての時間を楽しんでいました。

シンプルなアイスボックスクッキーを絵柄のある、かわいくてワクワクしたものにしたい！
と思ったのは、小さかった子どもたちのためでした。
当時のレシピは子ども用に甘味はきび砂糖やてんさい糖を使い、
量も少なく計量していました（子どもが成長してからは、粉糖が扱いやすく
綺麗に仕上がるために粉糖を使用しています）。
着色も果物や野菜のパウダーを使ったレシピが増えました。

クマ彦クッキーのレシピをレシピサイトに投稿したのは2014年。
そのレシピは、本当にたくさんの人に愛されて、作ってくれた人たちの
大切な人たちへ届けられました。それは、お子さんを元気づけるためだったり、
新しいクラスに馴染むためのきっかけ作りだったり、いつの間にかクマ彦は、
たくさんの人たちの想い出の中にもいるようになりました。

この本は、クマ彦をはじめ森の仲間たちと私のお気に入りの柄のクッキーレシピを、
いろいろな種類が作れるように、わかりやすくまとめたものです。
大切な人が喜んでくれることを想像しながら、
ワクワクした気持ちで作ってみてください。私とクマ彦のワクワクが、
この本を手に取ってくださった方々に少しでも伝わったら、とても嬉しいです。

えん93

えん93のアイスボックスクッキーの特徴

生地に無駄が出ない、どこを切っても同じ柄が現われる、冷凍保存ができる、
型を使わずにかわいい柄を作ることができるなどがアイスボックスクッキーの特徴ですが、
それ以外に、えん93のアイスボックスクッキーには以下のような特徴があります。

1 小さくてかわいい！

複数の色生地を組み合わせるアイスボックスクッキーは大きなサイズになりがちですが、本書のアイスボックスクッキーはひと口サイズ。クッキー缶にも詰めやすい大きさです。

2 サクサクしている！

成形しても生地が固くなることなく、焼き上がりはサクサクとした食感で、後を引くおいしさです。

3 存在感がある！

理由は、焼く直前にひと手間プラスしているから。鼻をつけたり、黒ゴマで目をつけたり、ちょっとした手間ですが、表情や立体感が出ます。

4 体にやさしい！

着色にはすべて野菜や果物から取った自然の着色用パウダーを使っています。体にやさしいのでお子さまにも安心です。

3

Contents

Chapter 1

Chapter 1
基本のクッキー

Chapter 2

Chapter 2
クマ彦と仲間の動物たち

Chapter 3

レシピの決まり

・レシピ内の大さじ1は15㎖、小さじ1は5㎖です。
・ひとつまみは、親指、人さし指、中指の3本でつまんだ量です。少量は、目安として耳かき1杯分、または2杯分という例で案内しています。
・オーブンは、機種や熱源によって火力や焼き時間に違いが出るので、様子を見ながら加減してください。
・材料表記については、P.5の「材料表の見方」を参照してください。

Chapter 3
フルーツと花のクッキー

Chapter 4
イベントのクッキー

5

材料表の見方

例）

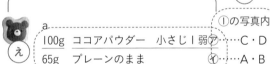

あ ●**材料**（10〜13枚）
プレーン生地
薄力粉　75g
粉糖　30〜35g
無塩バター　50g
卵黄　½個分
塩　適量

い 〈仕上げ・共通〉
黒ゴマ　適量

う

え
a
100g　ココアパウダー　小さじ1弱　⑦
65g　プレーンのまま　　　　　　　　④

か
b
103g　プレーンのまま　　　　　　　　⑦
62g　ココアパウダー　　小さじ½　④

お
①の写真内
…C・D
…A・B

①の写真内
…C・D・Bに相等
…Aに相等

き

あ
すべてのクッキーは最初にプレーン生地を作ります（作り方P.8）。本書では、シンプル（P.14）、以外は基本的にプレーン生地165g分の材料を表記しています（P.9右上参照）。

い
プレーン生地、色生地の材料以外に、仕上げに必要な材料です。

う
色生地の配合表です。この表を参考にプレーン生地を分けて色生地を作ります。アレンジバージョンの色生地の配合も紹介しています。

え
プレーン生地の分け方です。この場合、165gのプレーン生地から100gをココアパウダー大さじ1弱で着色し、残り（65g）はプレーンのままで使用する、という意味です。

お
プロセス1枚目①の写真内の記号とリンクしています。

か
b以降はバリエーションの材料です。aと同じ法則で表記しています。

き
同じ法則にならないものは、aのどの生地に相当しているかを示しています。

基本の道具

本書で紹介しているクッキー作りに使用している道具です。

① **ボウル**
深めのものを。複数あると便利です。

② **粉ふるい**
主に薄力粉をふるうのに使います。

③ **スケール**
0.5g単位で測れる電子スケールがおすすめです。

④ **ホイッパー**
材料を練ったり、混ぜ合わせたりするときに使います。

⑤ **ゴムべら**
サクサクの生地づくりには欠かせない道具です。

⑥ **めん棒**
生地を板状にしたり、生地同士を合わせてのしたりします。

⑦ **定規**
生地を太めの三角形にするときに定規を2本使っています。生地がつきにくく硬い板状のものであれば代用可。

⑧ **箸**
生地にくぼみを作ったり、先端にゴマをつけてクッキー

にのせたりします。丸いものと四角いものが両方あると便利。

⑨ **ナイフ**
写真は製パン用のクープナイフですが、小さめのキッチン用ナイフでも代用可。クッキーの仕上げに使います。

⑩ **ピンセット、つま楊枝**
ゴマをつまんでのせたり、穴を開けたり、いずれもクッキーの仕上げに使います。

⑪ **細工棒**
写真はマジパン用です。仕上げで細かい細工をするときに便利ですが、なくても作れます。

⑫ **クッキングシート**
生地を板状に成形するときに、折って使います。

⑬ **ラップ**
生地を成形するとき、冷凍庫で冷やすときなどに活躍します。

⑭ **包丁**
生地を成形するとき、焼く前の生地をカットするときに使います。

基本の材料

クッキー作りに使用する材料です。味のベースになります。家にあるもの、手に入るもので大丈夫です。

① 薄力粉
この本では「cotta北海道産薄力粉シュクレ」を使用しています。お好みの薄力粉をお使いください。

② 粉糖
粉糖を使用すると成形時に扱いやすく、焼き上がりもサクサクとします。

③ バター
食塩不使用のものを使用しています。

④ 卵黄
Mサイズのものを使用しています。

⑤ 塩
プレーン生地を作るときにひとつまみ入れるだけで、甘さが引き締まります。

⑥ 具・トッピング類
混ぜ込む具としてチョコチップやドライフルーツ、ドライハーブなどを使用します。ゴマなどのシード類は、仕上げに使用します。

○ 野菜パウダー、果物パウダー

本書の色生地に使用している着色パウダーです。すべて野菜や果物から取り出した天然のパウダーなので体に安心です。

a.紅茶　b.ブルーベリー　c.紫いも　d.ほうれんそう
e.にんじん　f.ブラックココア　g.ココア　h.イチゴ
i.抹茶　j.さつまいも　k.かぼちゃ　l.シナモン

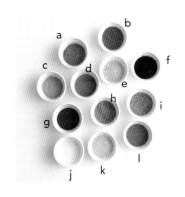

基本の生地の作り方

すべてのクッキーに共通するプレーン生地と色生地の作り方です。
成形する前に、生地を円柱形や板状にする方法もご紹介します。

● プレーン生地を作る

無塩バターをボウルに入れる。しばらくそのまま置いて常温に戻す。

ホイッパーでクリーム状に練る。

粉糖を½〜⅓入れる。塩もひとつまみ入れる。

ホイッパーですり混ぜる。

粉糖をあと1〜2回に分けて入れ、混ぜることを繰り返す。

粉糖をすべて入れたら、さらによくすり混ぜる。

● **材料**（20〜26枚）

プレーン生地
　薄力粉　150g
　粉糖　60〜75g
　無塩バター　100g
　卵黄　1個分
　塩　適量

＊左記の材料で、プレーン生地が約330gできます。

● **生地の分量について**

プレーン生地は卵黄1個分で320〜330gできます。本書では、基本のクッキー「シンプル」（P.14）以外はすべて半量の約165g（卵黄½個分）で案内しています。一度に2つの種類を作りたい方は、プレーン生地を320〜330g作って、半分に分けることをおすすめします。

卵黄を加える。

よく混ぜる。

ふるった薄力粉を加える。

この作業をていねいに行うとサクサクのクッキーになる！

ゴムベラに持ち替え、端から細かく切るようにして混ぜる。

粉気がなくなり、ポロポロの状態になったらプレーン生地の完成。

プレーン生地のまま使う場合は丸くまとめる。

● 色生地を作る

①

プレーン生地⑪（P.9）に着色用の
パウダーを加える。

②

練らないように注意！

ゴムベラで切るようにさっくりと混
ぜる。

③

軽くまとめて手のひらに取る。まだ
色がまだらな状態。

④

もう一方の手のひらで押して生地を
広げる。

⑤

2つ折りにする。

⑥

2つ折りにした生地を、再び手のひ
らで押して広げる。

⑦

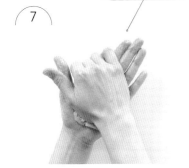

生地を軽く押し広げ、色ムラがないかチェック！

⑤～⑥を繰り返す。

⑧

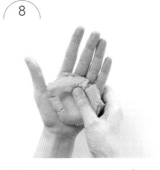

色が均一になったらストップする。混ぜすぎないのがコツ。

⑨

丸くまとめる。

● 色生地を少量作る場合

①

プレーン生地⑪（P.9）を小さい器に入れ、着色用パウダーを加えてスプーンなどで混ぜる。

②

手のひらに取り親指の腹で押して伸ばし、2つ折りにする。色が均一になるまでこれを繰り返す。

③

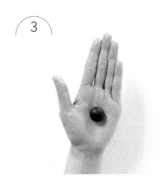

丸くまとめる。

● 板状にする

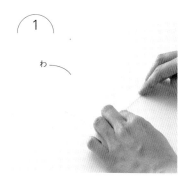

わ

クッキングシートを2つ折りにし、指定のサイズになるように3辺を折る。

クッキングシートを広げ、丸めた生地を置く。

折り筋よりも少し内側になるくらいまで生地を手で押し広げる。

クッキングシートを折り筋に沿って戻す。

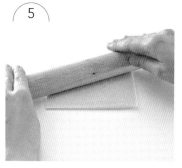

めん棒で折り筋まで生地をのす。

折り筋まで生地が伸び、厚みが均一になれば完成。

● 円柱から三角柱にする

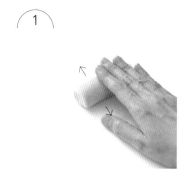

丸めた生地を台の上で転がしながら円柱に成形する。

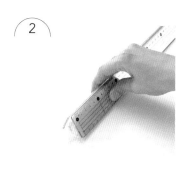

定規など、長い板状のもの2枚でつまんで押して三角柱を作る。

完成。

● 細い円柱を作る

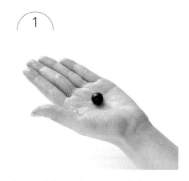

① 丸めた生地を手のひらの中心にのせる。

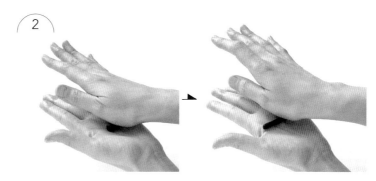

② 手のひらの間で転がして、細い円柱にする。

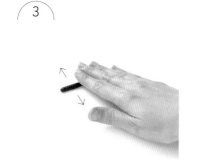

③ 作業台に置き、指先の腹で軽く転がしながら均一の太さにする。

④ 力が強いと指のあとがついてしまうので注意。生地がだれてしまったら、冷凍庫で冷やしながら行うのがコツ。

⑤ 指定の長さになったら完成。1本につながらず、バラバラになってしまっても差し支えありません。

● 細い円柱から三角柱にする

① 丸めた生地を円柱に成形する。

② ラップで包む。

③ 親指と人差し指の先でつまむようにして三角柱を作っていく。

基本のクッキー

具を混ぜるだけ、巻くだけ、重ねるだけでできる基本のアイスボックスクッキーです。
初めてアイスボックスクッキー作りに挑戦する人におすすめです。

14

1 シンプル

シンプルな丸い形の中に、チョコやミント、ドライフルーツなど
好みの具を混ぜ込んで。時間がないときにもサッと作れます。

● **材料** (20〜26枚)

プレーン生地 　　　　　＊約330gのプレーン
　薄力粉　150g 　　　　生地ができます。
　粉糖　60〜75g
　無塩バター　100g
　卵黄　1個分
　塩　適量

a　チョコミント
　チョコチップ　　20g
　乾燥ミントの葉　大さじ1

b　プレーン
　仕上げにグラニュー糖　適量

c　アップルティー
　ドライアップル　10g
　紅茶パウダー　　小さじ⅔

約3.8cm

約3.8cm

● **作り方**（aの例で解説します）

1

基本のプレーン生地を作ったらチョ
コチップを入れ、乾燥ミントの葉を
指先で細かくしながら加える。

2

ゴムベラで切るようにさっくりと混
ぜる。

3

ラップの上に生地を置く。

15

4

生地の上にラップをかけて手で押し
ながら生地をまとめていく。

5

ラップの端同士を合わせてつまみ、
生地を円柱にする。

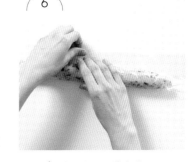
6

ラップをきっちりと巻き直す。

7

ラップの端をしっかりねじる。反対
側も同様にしっかりねじる。

8

bのプレーンはここで生地のまわり
にグラニュー糖をまぶしつける。冷
凍庫で1時間以上冷やす。

9

常温で10〜15分解凍し、5mm幅に
カットする。170℃に予熱したオー
ブンで15分、150〜160℃に下げて
様子を見ながら5分焼く。

16

2 しましま

サンドイッチのように色違いの生地を重ね、さらに違う味わいの生地で
ぐるりとまわりを包みました。3種類の生地のおいしさを一度に楽しめます。

● **材料**（10〜13枚）

プレーン生地

| 薄力粉 75g |
| 粉糖 30〜35g |
| 無塩バター 50g |
| 卵黄 ½個分 |
| 塩 適量 |

＊このページからプレーン生地量165gでご案内します。

a

45g	紫いもパウダー	小さじ1弱……B
45g	かぼちゃパウダー	小さじ1弱……C
75g	ココアパウダー	小さじ½ ……A

b

45g	抹茶パウダー	小さじ⅓
45g	プレーンのまま	
75g	ブラックココアパウダー	小さじ½

①の写真内

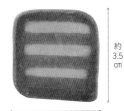

約3.5cm

約3.5cm

● **作り方**（aの例で解説します）

1

プレーン生地を作ったら、材料表を参考にして色生地を作る。

2

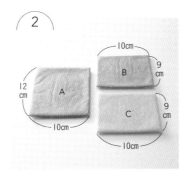

表記のサイズにクッキングシートを折り、それぞれの生地を板状にのす。すべて冷凍庫で冷やす。

3

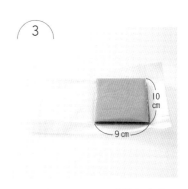

10〜15分したらB、Cを取り出す。クッキングシートの上にBを置き、Cを重ねる。クッキングシートをかぶせ、めん棒で軽くなじませる。

17

4

3等分にカットする。

5

しまになるように縦に重ね、ラップで包み、手で軽く押してなじませる。

6

ココア生地（A）を冷凍庫から出し、⑤を端にのせ、生地をラップごと持ち上げるようにしながら巻く。

7

巻き終わり

巻き終わりと巻き始めの重なったところを指で押してなじませる。

8

ラップで包み、冷凍庫で1時間以上冷やす。

9

常温で10〜15分解凍し、5mm幅にカットする。170℃に予熱したオーブンで15分、150〜160℃に下げて様子を見ながら5分焼く。

18

3

ぐるぐる

2種類の生地を重ねてからぐるぐると巻いて作るクッキーです。
カットしたときに現れるうず巻き模様は、どこか素朴でユーモラス。

● **材料**（10〜13枚）

プレーン生地
- 薄力粉　75g
- 粉糖　30〜35g
- 無塩バター　50g
- 卵黄　½個分
- 塩　適量

 a

 b

70g〈	シナモンパウダー　小さじ½	……B
	ドライアップル　　　10g	
95g	プレーンのまま	……A

70g	抹茶パウダー　　　小さじ½	
95g	紫いもパウダー　　大さじ½	

①の写真内

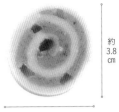

約3.8cm

約3.8cm

● **作り方**（aの例で解説します）

1

プレーン生地を作ったら、材料表を参考にして色生地を作る。

2

表記のサイズにクッキングシートを折り、それぞれの生地を板状にのす。冷凍庫で10〜15分冷やす。

3

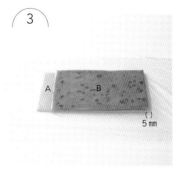

ラップを広げ、Aの上にBを端から5mmあけて重ねて置く。

4

ラップをかぶせ、上から軽くめん棒でなじませる。

5

5mmあけたほうから、生地をラップごと持ち上げるようにして巻き始める。

6

隙間がないように、ラップで押さえながら、ていねいに巻いていく。

19

7

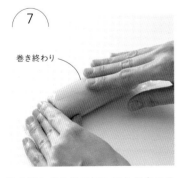

巻き終わり

巻き終わりを指で押してなじませる。

8

ラップで包み直し、冷凍庫で1時間以上冷やす。

9

常温で10〜15分解凍し、5mm幅にカットする。170℃に予熱したオーブンで15分、150〜160℃に下げて様子を見ながら5分焼く。

Chapter 2

クマ彦と仲間の動物たち

4	クマ彦	作り方 P30

クマ彦

SNSにこのクマ彦クッキーの写真を投稿したら、一度に3万を超える
「いいね！」がついてびっくり。つぶらな瞳がチャームポイントです。

イラストを描くのが昔から大好きで、よく描いていたキャラクターたちを
アイスボックスクッキーで再現したのがこのシリーズです。
動物たちの表情を描くのに黒ゴマが大活躍します。

5	ピョン太	作り方 P32 →

クマ彦の相棒です。顔はクマ彦よりも平べったく、そのぶん長い耳がついています。
クマ彦と同様、ほのぼのとした表情が魅力です。イチゴと抹茶、2種類の味わいで。

22

6, 7　　　　冬クマ彦、いちごピョン太　　　　作り方
　　　　　　　　　　　　　　　　　　　　　　　P34, 40 ▶

クマ彦にマフラーをつけニットの帽子を、また、ピョン太にも
イチゴの帽子をかぶせてみました。ぶた鼻のクッキーは冬クマ彦のアレンジで「ぶたのぷう子」です。

クマ彦

ピョン太

冬クマ彦

いちごピョン太

24

作り方
P37
▶

8

ネコ

頭に王冠をのせた、ちょっぴり強気顔のネコです。黒猫の顔はブラックココアで着色、
白猫はプレーン生地の顔にオッドアイで個性的に。

| 9 | フレブルのポン | 作り方
P42 ▶ |

フレンチブルドッグを略してフレブル。ひょうきんな表情から「ポン」という名前を
つけてみました。しましま服がだれよりも似合います。

10, 11

ライオン、草

作り方
P44, 91
▶

美しいタテガミと、ひまわりの種の耳が自慢のライオンです。
草原の葉陰でくつろいでいるイメージで、草も一緒に焼いてみました。

12

パンダ

作り方
P46

プレーンとブラックココア生地で作ったパンダの顔に、紫いも味とイチゴ味の
洋服を着せてみました。蝶ネクタイでちょっぴりダンディーに。

PER-KREEM
PLAIN
OFFEE
Dawn of a new day.
A Bright Sunny Day
have a lovely day.
for a wonderful day.
COLLECTION
FAVORITE

4 クマ彦　Photo P.20

● **材料**（10〜13枚）

プレーン生地　　　　　〈 仕上げ・共通 〉
| 薄力粉　75g | 黒ゴマ　適量 |

薄力粉　75g
粉糖　30〜35g
無塩バター　50g
卵黄　½個分
塩　適量

	a			①の写真内
	100g	ココアパウダー	小さじ1弱⑦	……C・D
	65g	プレーンのまま	①	……A・B

	b			①の写真内
	103g	プレーンのまま	⑦	……C・D・Bに相等
	62g	ココアパウダー	小さじ½①	……Aに相等

● **作り方**（aの例で解説します）

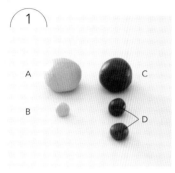

1

プレーン生地を作ったら、材料表を参考にして色生地を作る。さらに⑦は80g（C）、10g×2（D）（＊bは80g、10g×2、3g）に、①は62g（A）、3g（B）に分ける。（＊bは62gを1つ作る）

30

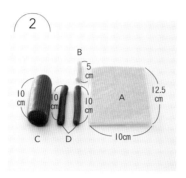

2

A〜Dの生地を写真の形、サイズを参照して成形する。すべて冷凍庫に入れて10〜15分冷やす。

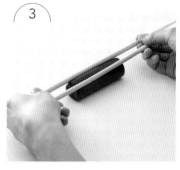

3

C（顔）を取り出し、常温で15分解凍したら、耳の位置2カ所に菜箸を押し込んで溝を作る。

4

冷やしておいたD（耳）の生地を溝の位置に入れ込む。

5

ラップで包み、冷凍庫で10〜15分冷やす。

6

Aを取り出しラップの上に置き、巻けるくらいの硬さになるまで解凍する。

7

冷えた⑤を冷凍庫から出し、Aの中央にのせる。

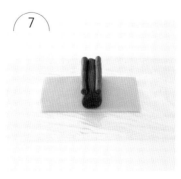

8

隙間があかないように指の腹でなじませながら両側から巻く。

約4cm

約3.5cm

9

生地の端を指の腹で押して、頭部分になじませる。

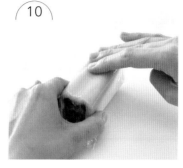

10

反対側の端も重ねて、厚みが出ないようにしっかりなじませる。

11

ラップで包み、ラップの上からも生地をていねいに押してなじませる。

12

冷凍庫で1時間以上冷やす。

13

常温で10〜15分解凍し、5mm幅にカットする。

14

Bを冷凍庫から出し1mm幅にカットする。

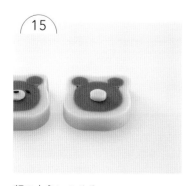

15

顔の中心にのせる。

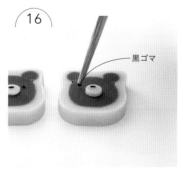

16

黒ゴマ

箸の先を水で軽く湿らせて黒ゴマをつけ、顔の中心に鼻を、その横に目をのせる。のせたときに箸で軽く押しつけるのがコツ。

17

170℃に予熱したオーブンで15分、150〜160℃に下げて様子を見ながら5分焼く。

5　ピョン太　Photo P.21

● **材料**（10〜13枚）

プレーン生地
　薄力粉　75g
　粉糖　30〜35g
　無塩バター　50g
　卵黄　½個分
　塩　適量

〈仕上げ・共通〉
黒ゴマ　適量

①の写真内

a

82.5g（½量）	抹茶パウダー　小さじ½	……A
82.5g（½量）	プレーンのまま	……B〜D

b

82.5g（½量）	イチゴパウダー　小さじ1
82.5g（½量）	プレーンのまま

● **作り方**（aの例で解説します）

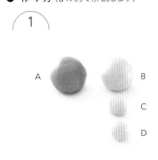

1

プレーン生地を作ったら、上段の表を参考にして色生地を作る。さらにプレーン生地は62.5g（B）、10g×2（C・D）に分ける。

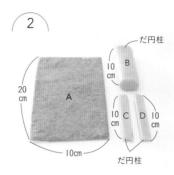

2

写真の形、サイズを参照してAは板状に、B〜Dはだ円柱に成形する。すべて冷凍庫に入れいったん冷やす。

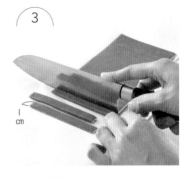

3

10〜15分経ったらAを取り出す。1cmの幅で3本をカットし、残りは冷凍庫に戻す。

4

Bを取り出しラップの上に置き、③でカットした3本をのせる。

5

両サイドに割り箸を置き、上から軽く押して溝を作る。

6

C、D（耳）を取り出して、両サイドの溝に入れ込む。

7

ラップの上から指の腹で押して生地をなじませる。

8

再びAを出し、1cmの幅で2本にカットし、⑦の両サイドにつける。

9

ラップの上から⑧の生地を指の腹で軽く押してなじませる。

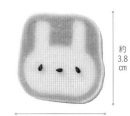

約3.8cm

約3.5cm

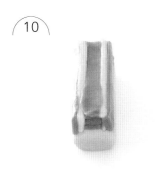

⑩

ラップで包み、冷凍庫で10〜15分冷やす。

⑪

Aの残りを取り出し、ラップの上で巻ける硬さまで解凍し、⑩を中央にのせる。

⑫

生地をラップごと持ち上げるようにし、⑩の生地に指の腹で密着させながら巻いていく。

⑬

巻き終わり

巻き終わりの重なった部分はしっかり押してなじませる。

⑭

ラップで包んで、冷凍庫で1時間以上冷やす。

⑮

⑭を常温で10〜15分解凍し、5mm幅にカットする。

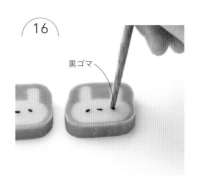

⑯

黒ゴマ

箸の先を水で軽く湿らせて黒ゴマをつけ、顔の中心に鼻を、その横に目をのせる。のせたときに箸で軽く押しつける。

⑰

170℃に予熱したオーブンで15分、150〜160℃に下げて様子を見ながら5分焼く。

6 冬クマ彦　Photo P.22

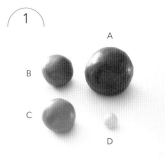

● **材料**（10〜13枚）

プレーン生地	〈仕上げ・共通〉
薄力粉　75g	黒ゴマ　適量
粉糖　30〜35g	〈cのぶたのぷう子〉
無塩バター　50g	白ゴマ　適量
卵黄　1/2個分	
塩　適量	

a　　　　　　　　　　　　　　　　　①の写真内

30g	紫いもパウダー	小さじ2/3	……B
30g	抹茶パウダー	小さじ1/4	……C
3g	プレーンのまま		……D
102g	ココアパウダー	小さじ2/3	……A

● **作り方**（aの例で解説します）

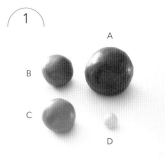

1

プレーン生地を作ったら、材料表を参考にして色生地を作る。

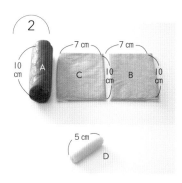

2

A〜Dの生地を写真の形、サイズを参照して成形する。すべて冷凍庫に入れて冷やす。

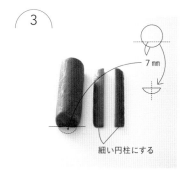

3

10〜15分経ったらAを取り出す。A（顔）の下から7mmをカットする。カットしたパーツをさらに縦半分にし、細い円柱にする。冷凍庫で冷やす。

4

ラップの上にAを置く。Aの上部、耳の位置2カ所に菜箸を押し込んで溝を作る。

5

溝の位置に③で円柱にしたパーツを入れ込む。

6

ラップで包み、⑤のパーツをなじませる。

7

ラップで包み、冷凍庫で冷やす。

8

B、C（ニット）を取り出し、クッキングシートの上に重ねて置く。

9

クッキングシートをかぶせ、上からめん棒で軽く押して、2枚の生地をなじませる。

34

b

30g	ココアパウダー	小さじ¼
30g	イチゴパウダー	小さじ⅔
3g	プレーンのまま	
102g	プレーンのまま	

c

30g	ココアパウダー	小さじ¼
30g	ブルーベリーパウダー	小さじ⅔
3g	プレーンのまま	
102g	イチゴパウダー	大さじ½

約5.2cm

約3.2cm

10
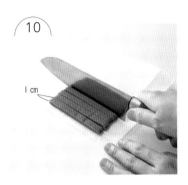
1cm
⑨を1cm幅にカットする。

11

ラップの上に、縦にしましまになるように並べる。

12

ラップで包む。

13

めん棒で軽く押して生地同士をなじませる。

14

E   F   G
⑬を、⑦の幅に合わせて写真のようにカットする。E、F、Gのパーツができる。

15
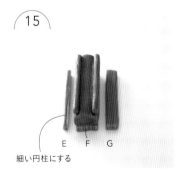
E   F   G
細い円柱にする
Fの上に⑦をのせる。Eは細い円柱に成形して冷凍庫で冷やす。

16
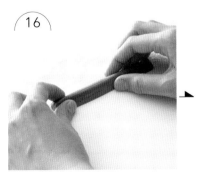
Gは三角柱に成形してニット帽を作る。

17

⑮の頭の上に⑯のニット帽をのせる。

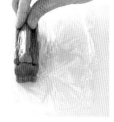

ラップをかぶせ、上から軽く押して
ニット帽を頭になじませる。

ニット帽の上に菜箸を押し込み溝を作る。

冷凍庫からEを出してニット帽の上
の溝に入れ込む。これが帽子のポン
ポンになる。

ラップの上から軽く押してポンポン
をなじませる。ラップで包み、冷凍
庫で1時間以上冷やす。

㉑を常温で10〜15分解凍し、5mm
幅にカットする。

36

ぶたのぷう子（c）の場合は、ここ
で耳をつまんでとがらせる。

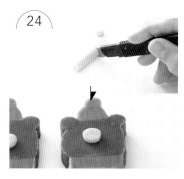

Dを取り出し1mm程度の幅にカット
し、顔の中央にのせる。

黒ゴマ

箸の先端を軽く水で湿らせ黒ゴマを
つけ、目と鼻の位置に黒ゴマをのせ
る。ぶたのぷう子は鼻の位置に白ゴ
マを縦に2つのせる。

ニット帽とマフラーに、ナイフの先、つま楊枝などで斜めの切り込みを入
れて編み目模様をつける。

170℃に予熱したオーブンで15分、
150〜160℃に下げて様子を見なが
ら5分焼く。

8 ネコ

● **材料**（10〜13枚）

プレーン生地
| 薄力粉 75g |
| 粉糖 30〜35g |
| 無塩バター 50g |

| 卵黄 ½個分 |
| 塩 適量 |
〈 仕上げ・共通 〉
| 黒ゴマ 適量 |

①の写真内

a			
30g	紫いもパウダー	小さじ½	……B
30g	かぼちゃパウダー	小さじ½	……C
5g	かぼちゃパウダー	少量（耳かき2杯分）	……E
4g	イチゴパウダー	少量（耳かき2杯分）	……D
96g	ブラックココアパウダー	小さじ⅔	……A

● **作り方**（aの例で解説します）

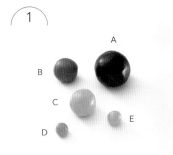

1

プレーン生地を作ったら、材料表を参考にして色生地を作る。

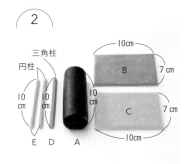

2

A〜Cの生地を写真の形、サイズを参照して成形する。Dは三角柱に、Eは2等分にして細い円柱にする。すべて冷凍庫に入れて冷やす。

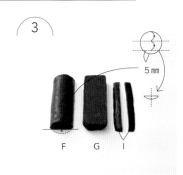

3

10〜15分経ったらAを取り出す。Aの端から5mmの位置をカットし、さらに縦半分にカットする。残りは半分の幅にカットする。F、G、Iのパーツができる。

37

4

Iを三角柱に成形する。ラップで包み、冷凍庫で冷やす。

5

ラップの上にGを置き、包丁で中心に約5mmの深さの切り込みを入れる。少しやわらかくなるまで、常温に置く。

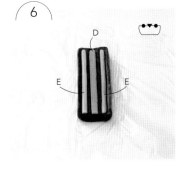

6

しっかり冷やしたD、Eを取り出し、Gの中心にDの三角柱の先端が下になるように差し込む。Eも左右に置いて押し込む。

7

ラップで包み、冷凍庫で10〜15分冷やす。

8

Fをラップで包み、めん棒で軽くのして、Gの幅と合わせる。

9

硬く冷えたGを取り出し、常温でやわらかい状態になっているFをのせる。ラップで包み、上から手で押してなじませる。

b			①の写真内
30g	紫いもパウダー	小さじ½	……Bに相等
30g	かぼちゃパウダー	小さじ½	……Cに相等
2.5g	抹茶パウダー	少量（耳かき1杯分）	……Eに相等
2.5g	かぼちゃパウダー	少量（耳かき1杯分）	……Eに相等
4g	イチゴパウダー	少量（耳かき2杯分）	……Dに相等
96g	プレーンのまま		

約4.8cm

約4cm

10

サイドも指の腹でよくなじませる。

11

ラップで包み、冷凍庫で冷やす。

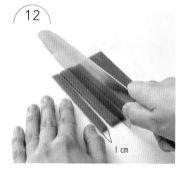

12

服と王冠を作る。まず、Bを取り出し常温で10〜15分解凍し、クッキングシートの上で1cm幅にカットする。

1cm

38

13

縦に並べて両サイドから指で押してなじませる。

14

クッキングシートをかぶせ、めん棒で軽くのしてさらになじませる。

15

Cを取り出し常温で10〜15分解凍する。⑭をCの上にのせ⑭の幅にCをカットし、残りを3等分にカットする。

16

3等分にしたパーツを縦に並べて両サイドから押してなじませる。

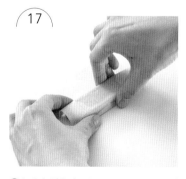

17

⑭とCを重ねたパーツはクッキングシートで包み、指の腹でサイドや上から軽く押してなじませる。

18

服　王冠

服（左）と王冠（右）のパーツが完成。

⑲

⑪（顔）を取り出し、ラップの上に置く。⑱の服のパーツの上に⑪をのせる。

⑳

ラップで包み、全体をよくなじませる。

㉑

顔の上に⑱の王冠のパーツをのせ、ラップの上から押してなじませる。

㉒

王冠の両サイドに、あらかじめ四角い箸（割り箸など）を押し込んで平らな溝を作る。Ⅰをのせる。

㉓

しっかり押し込む。

㉔

ラップで包み、冷凍庫で１時間以上冷やす。

㉕

㉔を常温で10〜15分解凍し、５mm幅にカットする。

㉖

王冠のてっぺんをギザギザにカットする。カットしたパーツで服のリボンを作ってのせる。

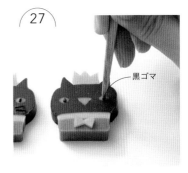

㉗

箸の先端を軽く水で湿らせ黒ゴマをつけ、目の上に黒ゴマを縦にのせて軽く押し込む。

黒ゴマ

㉘

口、ヒゲをナイフの先、つま楊枝などで描く。

㉙

170℃に予熱したオーブンで15分、150〜160℃に下げて様子を見ながら５分焼く。

7　いちごピョン太　Photo P.22

● **材料**(10～13枚)

プレーン生地
薄力粉	75g
粉糖	30～35g
無塩バター	50g
卵黄	½個分
塩	適量

〈 仕上げ・共通 〉
黒ゴマ　適量

a
45g	イチゴパウダー	小さじ1弱	……B
15g	抹茶パウダー	少量（耳かき2杯分程度）	……C
105g	プレーンのまま		……A

①の写真内

● **作り方**（aの例で解説します）

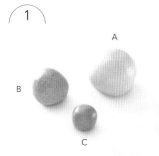

1

プレーン生地を作ったら、材料表を参考にして色生地を作る。

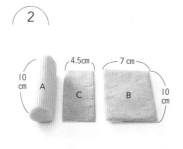

2

A～Cの生地を写真の形、サイズを参照して成形し、冷凍庫で冷やす。

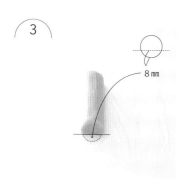

3

10～15分経ったらA（顔）を取り出し、ラップの上に置く。下から8mmをカットする。

40

4

カットしたパーツをさらに縦半分にカットし、細長いだ円柱に成形する。冷凍庫で冷やす。

5

Aの上部、耳の位置2カ所に菜箸を押し込んで溝を作る。冷凍庫で冷やす。

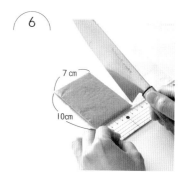

6

Bを取り出し、縦1cm幅にカットする。

7

7つのパーツを縦に並べる。

8

ラップで包み、めん棒で軽くのしてなじませる。

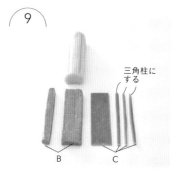

9

A、Cも取り出し、Aの幅に合わせて、B、Cをカットする。Cの残りは3等分し、三角柱にしてから冷凍庫で冷やす。

b

45g	イチゴパウダー	小さじ1弱
15g	抹茶パウダー	少量（耳かき2杯分程度）
105g	ブラックココアパウダー	小さじ½強

約5.0cm

約3.0cm

⑩

⑪

⑫

Aの幅にカットしたBをラップの上に置き、上にCをのせる。

⑩の上にAをのせる。

Bの残りを三角柱にする。

⑬

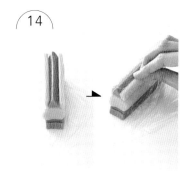

⑭

⑮

⑪の上に⑫をのせ、ラップをかぶせてからしっかり押し込む。

④を取り出し、⑬の両サイドに差し込み、ラップの上から押してなじませる。

ラップで包み、冷凍庫で1時間以上冷やす。

⑯

⑰

⑱

常温で10〜15分解凍し、5mm幅にカットする。

Cの残りを取り出し1mm幅にカットする。帽子の縁飾りと洋服のリボンになるようにつける。目と鼻の位置に黒ゴマものせる。

170℃に予熱したオーブンで15分、150〜160℃に下げて様子を見ながら5分焼く。

9　フレブルのポン　Photo P.25

● **材料**（10～13枚）　

プレーン生地

	a			①の写真内
薄力粉　75g	22g	イチゴパウダー	小さじ½弱	……B
粉糖　30～35g	4g	ブラックココアパウダー	少量（耳かき1杯分）	……D
無塩バター　50g	2.5g	かぼちゃパウダー	少量（耳かき1杯分）	……F
卵黄　½個分	136.5g	プレーンのまま		……A・C・E
塩　適量				

● **作り方**（aの例で解説します）

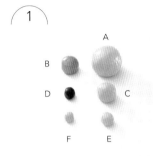

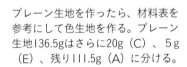

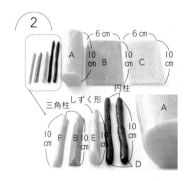

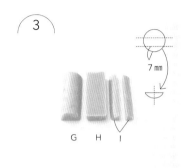

プレーン生地を作ったら、材料表を参考にして色生地を作る。プレーン生地136.5gはさらに20g（C）、5g（E）、残り111.5g（A）に分ける。

Bは2gを三角柱にし、残りを板状にする。Dは2等分して細い円柱にする、A、C～Fは写真の形、サイズを参照して成形する。すべて冷凍庫で冷やす。

10～15分経ったらAを取り出し、Aを分ける。まず下から7mmをカットし、パーツをさらに縦半分にカットする。残りは半分の幅にカットする。G、H、Iのパーツができる。

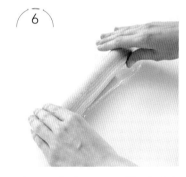

Iは耳になるパーツなので、縦に細長い二等辺三角柱に成形して、冷凍庫で冷やす。

Hをラップの上に置き、冷えたDを乗せて入れ込む。ラップに包んで冷凍庫で10～15分冷やす。

Gをラップで包み、Hの幅になるように上からめん棒でのす。

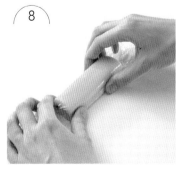

よく冷えたHを取り出しラップの上に置き、Gをのせる。

ラップで包み、変形しない程度に上と両サイドから押してなじませる。冷凍庫で冷やす。

B、Cを取り出し、Bをラップの上に置きCをのせる。ラップの上からめん棒で軽くのしてなじませる。

b

20g	抹茶パウダー	小さじ¼	……Bに相等
4 g	ブラックココアパウダー	少量（耳かき1杯分）	……Dに相等
20g	プレーンのまま		……Cに相等
4.5g	いちごパウダー	少量（耳かき2杯分）	……B・Fに相等
115.5g	プレーンのまま		……A・Eに相等

①の写真内

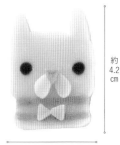

約4.2cm

約3.5cm

---

⑩

⑨を縦に2等分にカットして重ねる（服）。ラップをかぶせ、めん棒で軽く押してなじませ、ピンク色を上にして⑧（顔）をのせる。

⑪

顔　服

ラップで包み、服と顔の生地の境目を指の腹で軽く押しながら生地同士をなじませる。

⑫

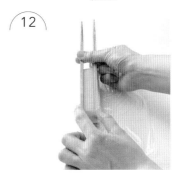

耳の位置に割り箸など四角い箸を置き、押し込んで溝を作る。

---

⑬

④で冷やしておいた耳のパーツを取り出して、⑫の溝に入れ込む。

⑭

ラップで包み、耳を入れ込んだ両サイドを中心に指の腹で軽く押しながら生地同士をなじませる。冷凍庫で1時間以上冷やす。

⑮

常温で10〜15分解凍し、5mm幅にカットする。

---

⑯

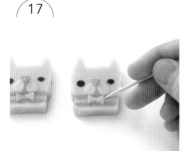

三角柱にしたB、しずく形にしたEを取り出し、それぞれ1mm幅にカットする。Eを鼻の下のたぶたぶに見えるように置き、Bの鼻をのせる。

⑰

Fを1mm幅にカットし、洋服のリボンになるようにのせる。

⑱

170℃に予熱したオーブンで15分、150〜160℃に下げて様子を見ながら5分焼く。

10　ライオン　Photo P.26

● 材料 (10〜13枚)

プレーン生地　　　　〈 仕上げ・共通 〉
薄力粉　75g　　　　黒ゴマ、
粉糖　30〜35g　　　ヒマワリの種
無塩バター　50g　　　各適量
卵黄　½個分
塩　適量

a

			①の写真内
20g	かぼちゃパウダー	小さじ½	……B
20g	ココアパウダー	小さじ⅕	……E
20g	ブラックココアパウダー	小さじ⅕	……F
20g	抹茶パウダー	小さじ⅕	……C
20g	紫いもパウダー	小さじ½	……D
2 g	イチゴパウダー	少量（耳かき1杯分）	……G
63g	プレーンのまま		……A

● 作り方 (aの例で解説します)

1

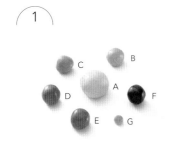

プレーン生地を作ったら、材料表を参考にして色生地を作る。

2

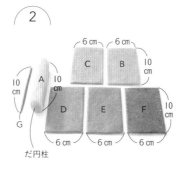

A〜Fの生地を写真の形、サイズを参照して成形する。Gは三角柱にする。すべて冷凍庫で冷やす。

3

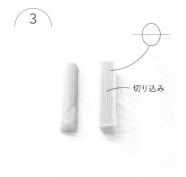

10〜15分経ったらAを取り出す。Aを半分にカットし、さらに中央に深さ5mm程度の切り込みを入れる。

44

4

冷えたGを取り出しラップの上に置く。Aの切り込み部分に、三角の頂点を下にして入れ込む。

5

切り込みを入れていないほうのAを④の上に乗せる。

6

ラップで包んでから、生地同士をなじませる。10〜15分冷凍庫で冷やす。

7

C〜Fを取り出しラップの上に置き、1つはC、Bの順で重ね、もう1つはF、D、Eの順で重ねる。

8

すべて1cm幅にカットする。

9

縦に交互に並べ5色のしまを作る。

b

20g	イチゴパウダー	小さじ½
20g	イチゴパウダー	小さじ½
20g	ブルーベリーパウダー	小さじ½
20g	ココアパウダー	小さじ⅕
20g	にんじんパウダー	小さじ½
2 g	イチゴパウダー	少量
63g	プレーンのまま	

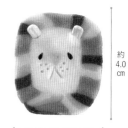

約4.0cm

約3.5cm

⑩ ラップの上からめん棒で軽くのす。

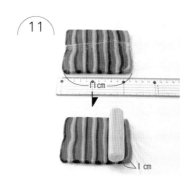

⑪ 11cmの幅になったら、⑥を取り出し、端から1cm内側にのせる。

⑫ 生地ごとラップを持ち上げるようにしながら巻いていく。

⑬ 隙間のないように巻いて巻き終わりを生地になじませ、冷凍庫で1時間以上冷やす。

⑭ 常温で10〜15分解凍し、5mm幅にカットする。

⑮ 目の位置に黒ゴマをのせ、ナイフの先、つま楊枝などで口の切り込みを入れる。

ヒマワリの種

⑯ 耳の位置にヒマワリの種をさす。

⑰ つま楊枝の先で鼻のまわりに模様をつける。

⑱ 170℃に予熱したオーブンで15分、150〜160℃に下げて様子を見ながら5分焼く。

12　パンダ　Photo P.27

● 材料（10〜13枚）

プレーン生地　　　　　　　〈 仕上げ・共通 〉
　薄力粉　75g　　　　　　　黒ゴマ　適量
　粉糖　30〜35g
　無塩バター　50g
　卵黄　½個分
　塩　適量

a				①の写真内
20g	紫いもパウダー	小さじ½		……B
20g	ブラックココアパウダー	小さじ¼		……C〜E
2g	抹茶パウダー	少量（耳かき1杯分）		……F〜G
123g	プレーンのまま			……A・F

● 作り方（aの例で解説します）

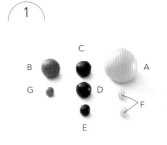

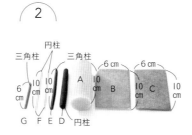

1　プレーン生地を作ったら、材料表を参考にして色生地を作る。プレーン生地はさらに2.5g×2個（F）と残り（A）に、ブラックココア生地は10g（C）、7g（D）、3g（E）に分ける。

2　写真の形、サイズを参照し成形する。

3　B、C、Dは写真のようにさらに2等分する。A〜Gすべてを冷凍庫で冷やす。

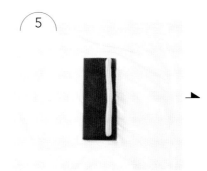

4　10〜15分経ったらAを取り出し、ラップの上に置く。Aを半分にカットし、1つは中央に深さ5mm程度の切り込みを入れる。

5　C、Fを取り出す。Cをラップの上に置き、その上にFを1本置いて生地をラップごと持ち上げるようにして巻く。同じものをもう1本作り冷凍庫で冷やす。

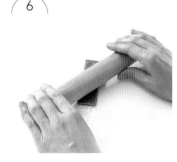

6　Bを取り出し2枚重ね、ラップの上に置く。ラップをかけて上からめん棒で軽く押してなじませる。

7　よく冷えたEを取り出しラップの上に置く。Aの切り込み部分に三角柱の頂点が下になるように入れ込む。

8　さらにサイドの目の位置に菜箸を押し込んで溝を作る。

b

20g	イチゴパウダー	小さじ½
20g	ブラックココアパウダー	小さじ¼
2g	かぼちゃパウダー	少量（耳かき1杯分）
123g	プレーンのまま	

約4.0cm

約3.5cm

9

⑤を取り出し、黒い生地が厚くなっているほうを下側にして溝に入れ込む。

10

もう1つのAをかぶせ、めん棒で軽くのして、下のAの幅に合わせる。

11

⑨の上に⑩をのせる。

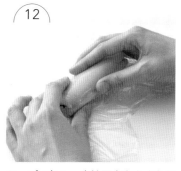

12

ラップで包み、生地同士をよくなじませる。10〜15分冷凍庫で冷やす。

13

⑫を取り出し、上下を逆にして置く。⑥を取り出して上に乗せ、ラップの上から生地をなじませる。

14

上下を戻す。Dを取り出し、耳の位置にのせ、ラップの上から軽く押してなじませる。ラップで包み、冷凍庫で1時間以上冷やす。

47

15

⑭を常温で10〜15分解凍し、5mm幅にカットする。

16

黒ゴマ

箸の先を水で軽く湿らせてから黒ゴマをつけ、白目のところにのせる。ナイフの先、つま楊枝などで口の切り込みを入れ、Gを1mm幅にカットし、リボンをつける。

17

170℃に予熱したオーブンで15分、150〜160℃に下げて様子を見ながら5分焼く。

Chapter 3

フルーツと花のクッキー

48

13   イチゴ

作り方
P56

イチゴパウダーを使ったイチゴ味の生地を、プレーンとココアの生地で
ぐるりとくるみました。6粒の黒ゴマがとてもよい仕事をしています。

大人の女性へのプレゼントでいちばん喜ばれるのがフルーツと花のクッキーです。
動物よりも、構造が比較的シンプルなので作りやすいのもポイント。
特に花と葉は、クッキー缶におしゃれに詰めたいときの必須アイテムとなります。

14 キウイ

作り方 P58 →

抹茶味のグリーンキウイとかぼちゃ味のゴールデンキウイ。見た目のフルーツ感と、
口に入れたときのまったりとした味わいのギャップが楽しいクッキーです。

15

スイカ

作り方
P60

イチゴパウダーとラズベリーパウダーを混ぜ合わせた生地がまさにスイカ色！
スイカの皮は抹茶味の濃淡で模様を表現しています。ほおばると甘酸っぱさが広がります。

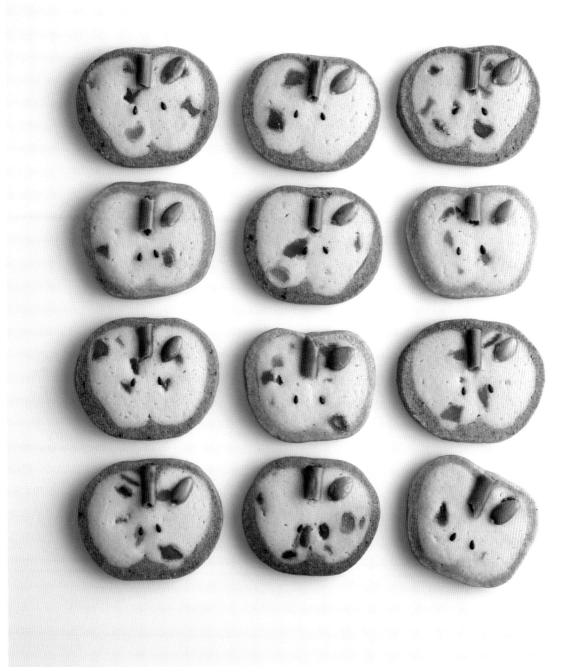

16

リンゴ

作り方
P62

プレーン生地に混ぜ込んだドライアップルが、切った位置によっていろいろで、
2つとして同じ模様は現われません。素朴な表情の赤リンゴと青リンゴです。

52

17

さつまいも

作り方
P59
▶

さつまいも味の生地に紫いも味の生地を巻いた、おいも感たっぷりのクッキーは
5つの黒ごまが味のアクセント。コーヒーにも日本茶にも合って、ほっこりした気分になります。

18

オレンジ

作り方
P64

オレンジ色は、にんじんパウダーを使って出しました。薄皮もしっかり入って、
ジューシーな房がぎっしり詰まっているイメージに。見た目もさわやかなので初夏のプレゼントにも！

54

19, 20

花、葉

作り方
P66, 67
➤

花や葉はクッキー缶の中で主役にも脇役にもなる存在。
小さな花は5〜6個集めて置くとアジサイのようにも演出できます。葉も存在感がたっぷりです。

12　イチゴ　Photo P.48

● **材料**（10〜13枚）

プレーン生地
薄力粉　75g
粉糖　30〜35g
無塩バター　50g
卵黄　½個分
塩　適量

〈仕上げ・共通〉
黒ゴマ　適量

a

			①の写真内
82.5g	イチゴパウダー	小さじ1	……A
15g	抹茶パウダー	少量（耳かき2杯分程度）	……B
67.5g	プレーンのまま		……C

● **作り方**（aの例で解説します）

1　プレーン生地を作ったら、材料表を参考にして色生地を作る。

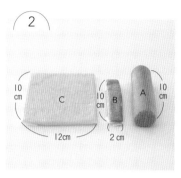

2　A〜Cの生地を写真の形、サイズを参照して成形する。すべて冷凍庫で冷やす。

3　10〜15分経ったらAを取り出し、Aを2本の定規で写真のようにはさんで、三角柱に成形する。

4　ラップで包み直し、10〜15分冷やす。

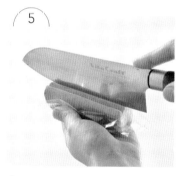

5　④を取り出し、三角の底に包丁で3カ所、V字に切り込みを入れる。

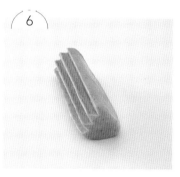

6　⑤のできあがり。ラップで包み、再び冷凍庫で10〜15分冷やす。

7　Bを取り出し、3等分してからやわらかくなるまで常温に置く。

8　冷えたAの切り込み部分に、やわらかくなったBを入れ込む。

9　ラップの上から押してなじませる。

b

82.5g	イチゴパウダー	小さじ1
15g	抹茶パウダー	少量（耳かき2杯分程度）
67.5g	ココアパウダー	小さじ½

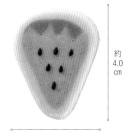

約4.0cm

約3.5cm

10

さらに作業台の上に軽く押しつけるようにコロコロところがす。

11

切り込みの中にBがきれいに入ったら、ラップで包み、再び冷凍庫で10〜15分冷やす。

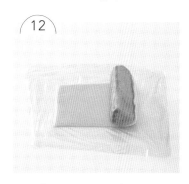

12

ラップの上にCを取り出して置き、冷えた⑪を端にのせる。

13

生地ごとラップを持ち上げるようにして、隙間のないように巻いていく。

14

巻き終わり

巻き終わりの生地は、ラップの上から指で押してなじませる。

15

ラップで包み、冷凍庫で1時間以上冷やす。

16

⑮を常温で10〜15分解凍し、5mm幅にカットする。

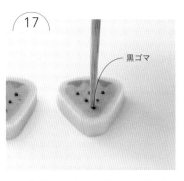

17

黒ゴマ

箸の先端を軽く水で湿らせて黒ゴマをつけ、黒ゴマのとがっているほうを上にして3粒、2粒、1粒の順番でのせて軽く押し込む。

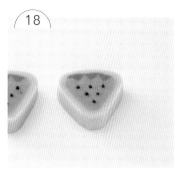

18

170℃に予熱したオーブンで15分、150〜160℃に下げて様子を見ながら5分焼く。

57

14 キウイ　Photo P.49

● **材料**（10〜13枚）

プレーン生地　　　〈 仕上げ・共通 〉
| 薄力粉　75g | 黒ゴマ　適量 |

薄力粉　75g
粉糖　30〜35g
無塩バター　50g
卵黄　½個分
塩　適量

a
| 15g | プレーンのまま　　……B |
| 150g | 抹茶パウダー　小さじ½……A |

b
| 15g | プレーンのまま |
| 150g | かぼちゃパウダー　大さじ⅔ |

①の写真内

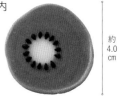
約4.0cm
約4.0cm

● **作り方**（aの例で解説します）

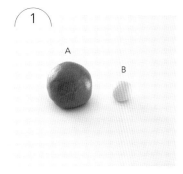

1

プレーン生地を作ったら、材料表を参考にして色生地を作る。

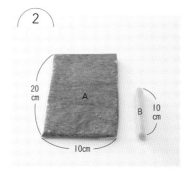

2

A、Bの生地を写真の形、サイズを参照して成形する。冷凍庫に入れて10〜15分冷やす。

3

ラップの上にAを取り出して置き、Bを端にのせる。生地ごとラップを持ち上げるようにして、端からきっちりと巻いていく。

4

指の腹で生地を押してなじませながら、隙間のないように巻く。

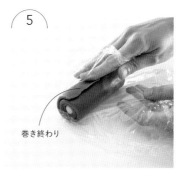

5

巻き終わりを指の腹で押してなじませる。

6

ラップで包み、冷凍庫で1時間以上冷やす。

7

⑥を取り出し常温で10〜15分解凍し、5mm幅にカットする。

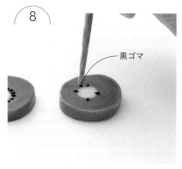

8

箸の先端を軽く水で湿らせ黒ゴマの細いほうを中心に向け、円形になるように8〜16粒のせて軽く押し込む。

9

170度に予熱したオーブンで15分、150〜160度に下げて様子を見ながら5分焼く。

17 さつまいも Photo P.52

● **材料**（10〜13枚）

プレーン生地
　薄力粉　75g
　粉糖　30〜35g
　無塩バター　50g
　卵黄　½個分
　塩　適量

〈 仕上げ・共通 〉
黒ゴマ　適量

50g	紫いもパウダー	
	小さじ⅔	……B
115g	さつまいもパウダー	
	大さじ½	……A

①の写真内

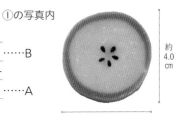

約4.0cm

約4.0cm

● **作り方**

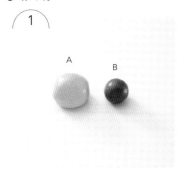

1

プレーン生地を作ったら、材料表を
参考にして色生地を作る。

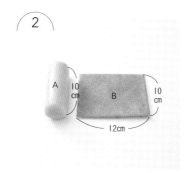

2

A、Bの生地を写真の形、サイズを
参照して成形する。冷凍庫で10〜
15分冷やす。

3

ラップの上にBを取り出して置き、
Aを端にのせる。生地ごとラップを
持ち上げるようにして、端からきっ
ちりと巻いていく。

59

4

指の腹で生地を押してなじませなが
ら、隙間のないように巻く。

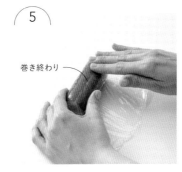

5

巻き終わり

巻き終わりを指の腹で押してなじま
せる。

6

ラップで包み、冷凍庫で1時間以上
冷やす。

7

⑥を取り出し常温で10〜15分解凍
し、5mm幅にカットする。

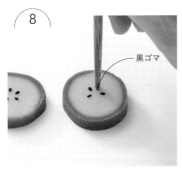

8

黒ゴマ

箸の先端を軽く水で湿らせ黒ゴマの
細いほうを中心に向け、円形になる
ように5粒のせて軽く押し込む。

9

170℃に予熱したオーブンで15分、
150〜160℃に下げて様子を見なが
ら5分焼く。

15 **スイカ**　Photo P.50

● **材料**（10〜13枚）

プレーン生地
　薄力粉　75g
　粉糖　30〜35g
　無塩バター　50g
　卵黄　½個分
　塩　適量

〈 仕上げ・共通 〉
黒ゴマ　適量

25g	プレーンのまま	……B
20g	抹茶パウダー	
	少量（耳かき1杯分）	……D
20g	抹茶パウダー　小さじ¼	……C
100g	イチゴパウダー・	
	ラズベリーパウダー	
	各小さじ1	……A

①の写真内

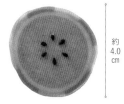

約4.0cm

約4.0cm

● **作り方**

1

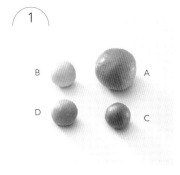

B　　A

D　　C

プレーン生地を作ったら、材料表を参考にして色生地を作る。

2

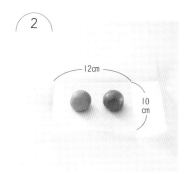

12cm

10cm

C、Dを表記のサイズに折ったクッキングシートにのせる。

3

手のひらで押し広げる。

4

押し広げたところ。

5

クッキングシートを折りたたみ、めん棒でシートの角までのす。

6

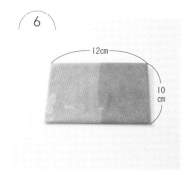

12cm

10cm

のしたところ。

7

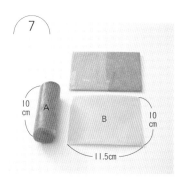

10cm　A

B　　10cm

11.5cm

A、Bも写真の形、サイズを参照して成形する。A、B、⑥を冷凍庫に入れて冷やす。

8

10〜15分経ったらA、Bを取り出す。ラップの上にBを置き、巻けるくらいの硬さに解凍する。Aを端にのせる。ラップごと生地を持ち上げるようにして、端からていねいに巻いていく。

9

途中も指の腹で生地を押してなじませながら、隙間のないように巻く。

60

巻き終わりの生地をしっかりなじま
せてから、ラップで包み、冷凍庫で
冷やす。

⑥を取り出し、各色5等分になるよ
うにカットする。

カットしたところ。

色を交互に並べ直す。

クッキングシートを折り戻し、上か
らめん棒で軽くのしてなじませる。

ラップの上に⑭を置き、冷えた⑩を
取り出して端にのせる。

生地をラップごと持ち上げるように
して、端から隙間のないように巻い
ていく。

ラップで包み、冷凍庫で1時間以上
冷やす。

⑰を取り出し常温で10〜15分解凍
し、5mm幅にカットする。

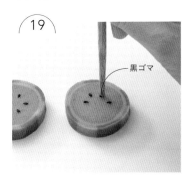

箸の先端を軽く水で湿らせ黒ゴマの
細いほうを中心に向け、円形になる
ように6粒のせて軽く押し込む。

適宜、半分にカットして、黒ゴマを
バランスよく置く。

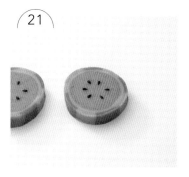

170℃に予熱したオーブンで15分、
150〜160℃に下げて様子を見なが
ら5分焼く。

16 リンゴ　Photo P.51

● 材料（10〜13枚）

プレーン生地　　　　　〈 仕上げ・共通 〉
薄力粉　75g	黒ゴマ、かぼちゃの種、
粉糖　30〜35g	棒状スナック菓子
無塩バター　50g	各適量
卵黄　½個分	
塩　適量	

a　　　　　　　　　　　　　　　　　　①の写真内

110g	ドライアップル	
	（小さくカットしたもの）　10g	……A
55g	イチゴパウダー	小さじ1½……B

● 作り方（aの例で解説します）

1

プレーン生地を作ったら、材料表を
参考にして色生地を作る。

2

Aは2等分にする。A、Bとも写真
の形、サイズに成形する。すべて冷
凍庫で冷やす。

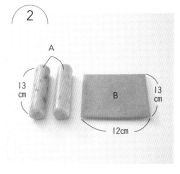

3

10〜15分経ったらAを取り出し、し
ずく形に成形する。もう1本も同様
にしずく形にする。

62

4

しずく形にした細いほうを下にして、
リンゴの形になるように2本つける。

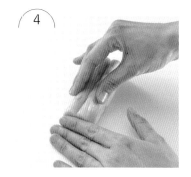

5

2本をつけたところ。

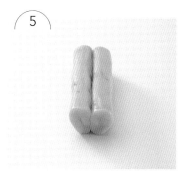

6

ラップで包み、10〜15分冷凍庫で
冷やす。

7

Bを取り出す。

8

端から3mm幅で2本カットする。

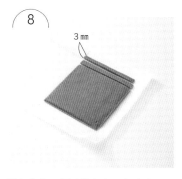

9

⑥を取り出し、中央のくぼみの上側
と下側に⑧をそれぞれ入れ込む。

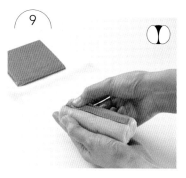

b

110g	ドライアップル	
	（小さくカットしたもの）	10g
55g	ホウレンソウパウダー	小さじ½

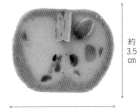

約3.5cm

約4.5cm

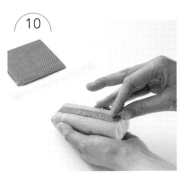

10 隙間がないように指でしっかり押し込む。

11 ラップの上にBの残りを置き、中心に⑩をのせる。

12 ラップを持ち上げるようにして、端から隙間のないように巻いていく。

13 巻き終わりの生地端をしっかりなじませる。

14 ラップで包み、冷凍庫で1時間以上冷やす。

15 ⑭を取り出し常温で10〜15分解凍し、5mm幅にカットする。

棒状スナック菓子

かぼちゃの種

16 棒状スナック菓子を約1.5cmにカットし、上中央にのせて軽く押し込む。その右側にかぼちゃの種ものせる。

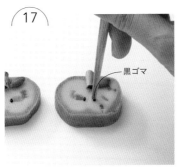

黒ゴマ

17 箸の先端を軽く水で湿らせて黒ゴマをつけ、中央よりやや下に2粒のせて、軽く押し込む。

18 170℃に予熱したオーブンで15分、150〜160℃に下げて様子を見ながら5分焼く。

18　オレンジ　Photo P.53

● **材料**（10〜13枚）
プレーン生地
　薄力粉　75g
　粉糖　30〜35g
　無塩バター　50g
　卵黄　½個分
　塩　適量

a		①の写真内
45g	プレーンのまま	……C
120g	にんじんパウダー　大さじ⅔	……A・B

● **作り方**（aの例で解説します）

1

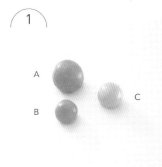

プレーン生地を作ったら、材料表を参考にして色生地を作る。aのにんじん生地は、作ってからさらに90g（A）と30g（B）に分ける。

2

A〜Cまでの生地を写真の形、サイズに成形する。すべて冷凍庫に入れて冷やす。

3

10〜15分経ったらAを取り出して、放射状に8等分する。

64

4

Cを取り出しラップの上に置き、8等分にしたAの1つを端に置く。

5

Aの幅でカットする。

6

同様にして、Aの片側だけCの生地がついたものを8本作る。

7

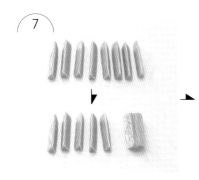

8本できたら、同じ向きで8本を合わせ円柱に戻す。

8

ラップの上にCの残りを置き、⑦を端にのせる。

b
45g　プレーンのまま　　　　　　　……Cに相等
30g　抹茶パウダー　　小さじ⅙……Bに相等
90g　かぼちゃパウダー　大さじ½……Aに相等

①の写真内

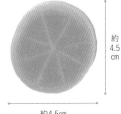

約4.5cm

約4.5cm

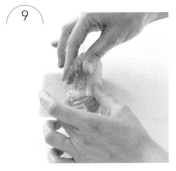

⑨

ラップを持ち上げるようにして、端から隙間のないように巻いていく。

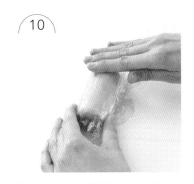

⑩

巻き終わりの生地端をしっかりなじませる。

⑪

ラップで包み、冷凍庫で10〜15分冷やす。

⑫

Bを取り出しラップの上に置いて、巻けるくらいの硬さになるまで解凍する。冷えた⑪を端にのせる。

⑬

生地をラップごと持ち上げるようにして、端から隙間のないように巻いていく。

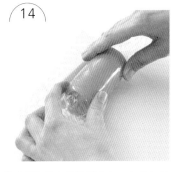

⑭

巻き終わりの生地端をしっかりなじませる。

⑮

ラップで包み、冷凍庫で1時間以上冷やす。

⑯

⑮を取り出し常温で10〜15分解凍し、5mm幅にカットする。

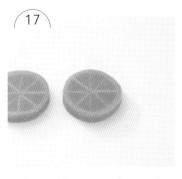

⑰

170℃に予熱したオーブンで15分、150〜160℃に下げて様子を見ながら5分焼く。

19 花　20 葉　Photo P.54

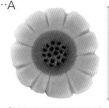

● 材料（花a・b・葉10〜13枚）
＊花c・dは下記の量で2種類できます。

プレーン生地
薄力粉	75g
粉糖	30〜35g
無塩バター	50g
卵黄	½個分
塩	適量

花 a
15g	ココアパウダー	小さじ⅕……C
25g	抹茶パウダー	小さじ¼……B
125g	かぼちゃパウダー	大さじ½……A

花 b
15g	かぼちゃパウダー 少量（耳かき1杯分）
25g	紫いもパウダー　小さじ¼
125g	プレーンのまま

①の写真内

約3.3cm
約3.3cm

● 作り方（aの例で解説します）

① プレーン生地を作ったら、材料表を参考にして色生地を作る。

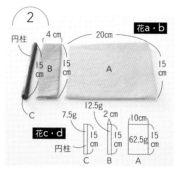

② A〜Cまでの生地を写真の形、サイズに成形する。すべて冷凍庫に入れて冷やす。

③ 10〜15分経ったら、ラップの上にBを取り出して置き、Cを端にのせる。

66

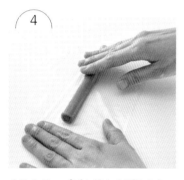

④ 生地をラップごと持ち上げるようにして端から隙間のないように巻いていく。巻き終わりの生地はしっかりなじませる。冷凍庫で冷やす。

⑤ ラップの上にAを置き、冷えた④を端にのせる。

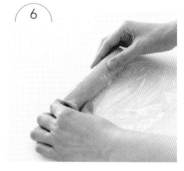

⑥ 再びラップで隙間のないように巻く。巻き終わりの生地はしっかりなじませる。冷凍庫で1時間以上冷やす。

⑦ ⑥を取り出し常温で10〜15分解凍し、5mm幅にカットする。

⑧ ナイフで花びらの形になるように切り込みを入れる。つま楊枝の背などで、中心の部分に穴を開けて模様をつける。

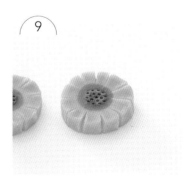

⑨ 170度に予熱したオーブンで15分、150〜160度に下げて様子を見ながら5分焼く。

花 c		P.66①の写真内
12.5g	プレーンのまま	……Bに相等
70g	紫いもパウダー　小さじ1	……A・Cに相等

＊紫いもの色生地は、さらに7.5gと62.5gに分ける。（P.66②参照）

花 d		P.66①の写真内
7.5g	かぼちゃパウダー　少量（耳かき1杯分）	……Cに相等
12.5g	プレーンのまま	……Bに相等
62.5g	イチゴパウダー　小さじ⅔	……Aに相等

＊c、dそれぞれプレーン生地82.5gの量で表示しています。

葉		①の写真内
15g	プレーンのまま	……B
150g	抹茶パウダー　小さじ1	……A

約2.3cm　約2.3cm　約4.0cm　約3.5cm

● 葉の作り方

1　プレーン生地を作ったら、材料表を参考にして色生地を作る。

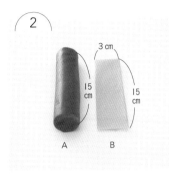

2　A、Bの生地を写真の形、サイズに成形する。冷凍庫で冷やす。

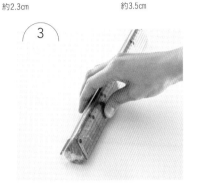

3　10〜15分経ったらAを取り出す。Aを定規2本使って三角柱に成形する。

4　半分にカットする。

5　Bを取り出し、④でカットした面にのせる。

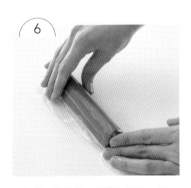

6　Aを③の三角柱の状態に戻し、ラップで包み、冷凍庫で1時間以上冷やす。

7　⑥を取り出し常温で10〜15分解凍し、5mm幅にカットする。

8　ナイフで外側から中心に向かって、葉脈のように斜めに切り込みを入れる。

9　170℃に予熱したオーブンで15分、150〜160℃に下げて様子を見ながら5分焼く。

Chapter 4

イベントのクッキー

| 21-24 | ツリー、ローソク、
スノーマン、トナカイ | 作り方
P77-82 ▶ |

ハロウィン、クリスマス、バースデー……。
アイスボックスクッキーなら、焼く前の状態まで作っておいて１〜２週間は冷凍保存が可能なので、
前日や当日に仕上げをして焼くだけ。余裕をもってイベントの準備ができます。
大量生産も可能だから、クッキー缶に詰めてプレゼントにしても！

シルクハットのダンディーサンタは、角が自慢の赤鼻トナカイがパートナー。
ドライフルーツ入りのツリー、暗闇の中で炎が灯るローソクがクリスマスの楽しい時間を盛り上げます。
クマ彦とピョン太もゲストで参加。

25-27　　　ハロウィンかぼちゃ、
　　　　　　ガイコツ、ミイラ、かぼちゃの木

作り方
P83-87
▶

とぼけた表情のハロウィンかぼちゃに、すまし顔のガイコツ、
ミイラはホワイトチョコの包帯の隙間からギョロリとした目をのぞかせて。
かぼちゃの木の森に勢ぞろいしたハロウィンの仲間たちです。
＊かぼちゃの木とツリー（P.68）は同じプロセスです。

28

カップケーキ

作り方
P88

もこもことおいしそうに焼き上がった、ココアと抹茶のカップケーキ。
バースデーはもちろん、記念日のおやつに、またギフトやお祝いの品に添えても喜ばれます。

| 29 | カメラ | 作り方
P90 |

カメラはイベントには欠かせないアイテムの1つ。ブラックココアの生地で、
懐かしさを感じるレトロな一眼レフをイメージして作りました。

30, 31　　　トースト、コーヒーカップ　　　作り方
P92-95

いつもの朝食も、こんなクッキーを添えたらちょっとしたイベント気分になります。
今日のトーストの具材は、ハムとチーズ、そして目玉焼き。
コーヒーは熱々のブラックで！

21 ツリー・かぼちゃの木　Photo P.68, 70

● **材料**（10〜13枚）

プレーン生地
　薄力粉　75g
　粉糖　30〜35g
　無塩バター　50g
　卵黄　½個分
　塩　適量

〈仕上げ・
かぼちゃの木〉
かぼちゃの種
　　適量

 ツリー

40g	ココアパウダー	小さじ½
125g	ベリーミックス	10g
	ほうれんそうパウダー	小さじ½

 かぼちゃの木　　　　　　　　①の写真内

| 40g | ココアパウダー | 小さじ½……B・C |
| 125g | かぼちゃパウダー | 大さじ1……A |

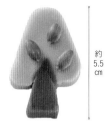

約5.5cm

約3.5cm

● **作り方**（かぼちゃの木で解説します）

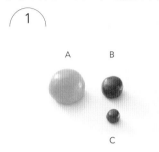

1

プレーン生地を作ったら、材料表を参考にして色生地を作る。ココア生地はさらに33g（B）、7g（C）に分ける。

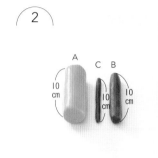

2

A〜Cの生地を、サイズを参照して円柱に成形する。

3

Aは2本の定規ではさんで、三角柱に、Bは細い二等辺三角柱に、Cは三角柱に成形する。A、Bを10〜15分冷凍庫で冷やす。

77

4

Aの底辺の中心に包丁で深さ1cm程度の三角の切り込みを入れる。

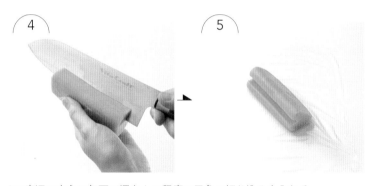

5

6

Cを、Aの切り込みの中に入れ込む。菜箸を使って隙間のないように奥まで入れ込むのがポイント。

7

冷えたBを取り出し、Cの上に三角柱の頂点を差し込む。ラップで包み、冷凍庫で1時間以上冷やす。

8

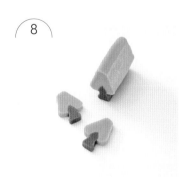

⑦を常温で10〜15分解凍し、5mm幅にカットする。

9

かぼちゃの種

かぼちゃの種をのせて軽く押し込み、170℃に予熱したオーブンで15分、150〜160℃に下げて様子を見ながら5分焼く。

22 ローソク　Photo P.68

● **材料**（10〜13枚）
プレーン生地

薄力粉　75g				①の写真内
粉糖　30〜35g				
無塩バター　50g				
卵黄　½個分				
塩　適量				

15g	かぼちゃパウダー	小さじ⅓	……D
7g	イチゴパウダー	小さじ⅕	……E
30g	抹茶パウダー	小さじ¼	……C
30g	プレーンのまま		……B
83g	ブラックココアパウダー	小さじ⅔	……A

約5.2cm

約2.8cm

● **作り方**

1

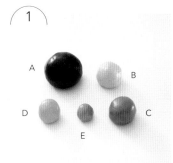

プレーン生地を作ったら、材料表を参考にして色生地を作る。

2

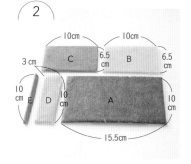

A〜Dの生地を写真の形、サイズを参照して成形する。Eは炎の中心の形に成形する。すべて冷凍庫に入れて冷やす。

3

10〜15分経ったらDを取り出し、縦半分にカットする。

4

ラップの上に2枚のDを置き、Eを取り出して間に入れる。

5

生地を左右からラップごと持ち上げるようにして、上部をつける。

6

ラップで包み、生地をなじませながら炎の形に成形する。冷凍庫で冷やす。

7

B、Cを取り出し、写真のサイズにカットしてからラップの上に置き、同じ幅同士のBとCを重ねる。

8

ラップの上から手のひらで軽く押してなじませる。

9

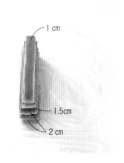

Cを上側にして幅の広いものから重ねる。

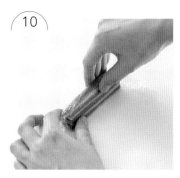

10

ラップの上から両サイドが平らになるように生地をなじませる。ローソクの土台の完成。

11

幅の広いほうを上にして、⑥を取り出してのせる。冷凍庫で10〜15分冷やす。

12

Aを取り出し、写真のサイズにカットする。

1.5cm　5mm
10cm
11.5cm
1.5cm　5mm

13

5mmにカットした生地を、土台と炎の隙間に入れ込む。

14

指で押し込みながらしっかりなじませる。

15

反対側も、もう1つの5mm幅の生地で同様にする。

16

1.5cm幅の生地を土台のサイド下側につけて、なじませる。反対側も同様にする。

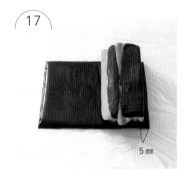

17

Aの残りをラップの上に置き、⑯を端にのせる。

5mm

18

生地をラップごと持ち上げて、端から隙間のないようにていねいに巻いていく。

19

巻き終わりの生地は指でしっかりなじませる。

20

ラップで包み、冷凍庫で1時間以上冷やす。

21

⑳を常温で10〜15分解凍し、5mm幅にカットする。170℃に予熱したオーブンで15分、150〜160℃に下げて様子を見ながら5分焼く。

23　スノーマン　Photo P.68

● **材料**（10〜13枚）
プレーン生地
　薄力粉　75g
　粉糖　30〜35g
　無塩バター　50g
　卵黄　½個分
　塩　適量
〈仕上げ〉
黒ゴマ　適量

			①の写真内	
50g	ブラックココアパウダー	小さじ½	……A	
15g	抹茶パウダー	少量（耳かき2杯分）	……C	
10g	イチゴパウダー	小さじ⅙	……D	
4g	イチゴパウダー	少量（耳かき2杯分）	……E	
86g	プレーンのまま		……B	

約4.8cm
約3.5cm

● **作り方**

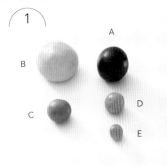

1
プレーン生地を作ったら、材料表を参考にして色生地を作る。

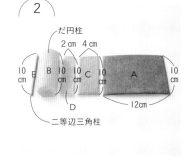

2
A〜Eの生地を写真の形、サイズを参照して成形する。Bはだ円柱、Eは細長い二等辺三角柱にする。すべて冷凍庫に入れて冷やす。

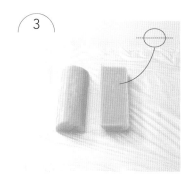

3
10〜15分経ったらBを取り出し、半分にカットする。

80

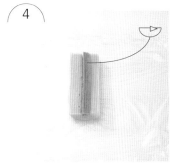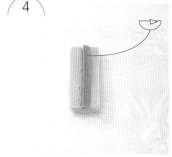

4
冷えたEを取り出し、二等辺三角柱の底辺が中心、三角の頂点が端側になるように置きBの中に埋め込む。

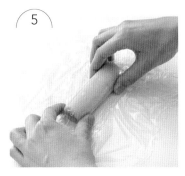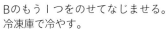

5
Bのもう1つをのせてなじませる。冷凍庫で冷やす。

6
Cを取り出し半分にカットする。

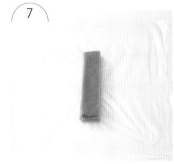

7
Dを取り出しCの1枚と重ね、ラップの上から押して生地をなじませる。もう1枚のCは冷凍庫で冷やす。

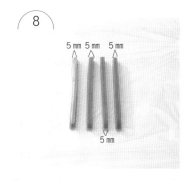

8
⑦を5mm幅にカットして4本に分ける。

9
色が交互になるように縦に並べる。

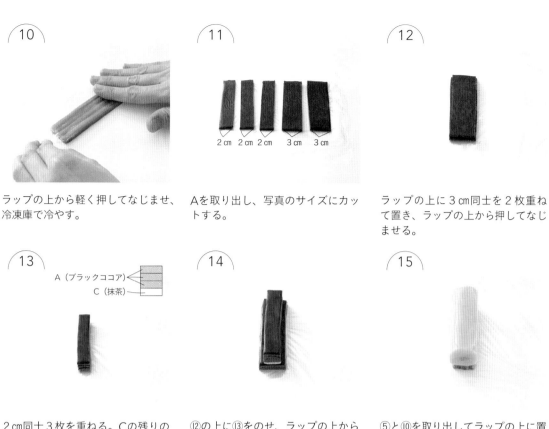

10

ラップの上から軽く押してなじませ、冷凍庫で冷やす。

11

Aを取り出し、写真のサイズにカットする。

2cm　2cm　2cm　3cm　3cm

12

ラップの上に3cm同士を2枚重ねて置き、ラップの上から押してなじませる。

13

A（ブラックココア）←
C（抹茶）←

2cm同士3枚を重ねる。Cの残りの1枚を取り出して下に重ねてなじませる。ラップで包み、冷凍庫で冷やす。

14

⑫の上に⑬をのせ、ラップの上から押してなじませる。

15

⑤と⑩を取り出してラップの上に置き、⑩の上に⑤をのせる。

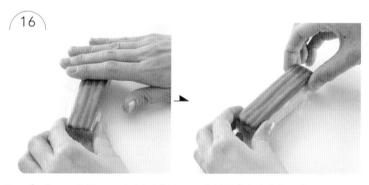

16

ラップで包み、上下・サイドから押して、生地同士をよくなじませる。

17

⑯の上に⑭を取り出してのせ、上から軽く押しつける。ラップで包み、冷凍庫で1時間以上冷やす。

18

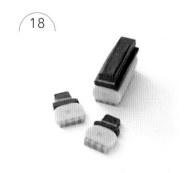

⑰を常温で10〜15分解凍し、5mm幅にカットする。

19

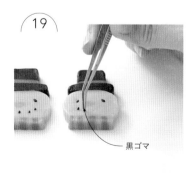

黒ゴマ

ピンセットで黒ゴマをつまみ、目をつける。口はゴマのとがっているほうを差し込むようにして埋める。

20

170℃に予熱したオーブンで15〜20分、150〜160℃に下げて様子を見ながら5分焼く。

24　トナカイ　Photo P.68

● **材料**（10〜13枚）

プレーン生地
| 薄力粉　75g
| 粉糖　30〜35g
| 無塩バター　50g
| 卵黄　½個分
| 塩　適量

〈 仕上げ 〉
黒ゴマ、プレッツェル、
　粒ジャム（イチゴ）、
　ひまわりの種　各適量

①の写真内

60g	プレーンのまま……B
5 g	プレーンのまま……C
100g	ココアパウダー
	小さじ1　……A

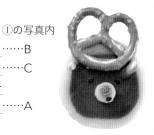
約5cm
約4.2cm

● **作り方**

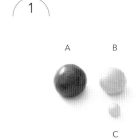

1

プレーン生地を作ったら、材料表を参考にして色生地を作る。

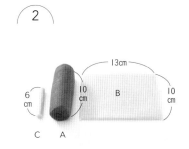

2

A〜Cの生地を写真の形、サイズを参照して成形する。すべて冷凍庫に入れて冷やす。

3

10〜15分経ったらA、Bを取り出す。Bは端から1.5cmのところでカットし、Aの上にのせる。Bの残りはラップで包み、冷凍庫で冷やす。

82

4

ラップの上から、生地同士をよくなじませる。

5

Bの残りを取り出しラップの上に置き、④を端にのせる。

6

生地をラップごと持ち上げるようにして、隙間のないように巻く。巻き終わりの生地はなじませる。ラップで包み、冷凍庫で1時間以上冷やす。

7

⑥を常温で10〜15分解凍し、5mm幅にカットする。さらに、Cを取り出し1mm幅にカットする。

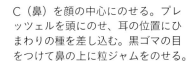
ひまわりの種
黒ゴマ
粒ジャム

8

C（鼻）を顔の中心にのせる。プレッツェルを頭にのせ、耳の位置にひまわりの種を差し込む。黒ゴマの目をつけて鼻の上に粒ジャムをのせる。

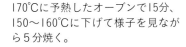

9

170℃に予熱したオーブンで15分、150〜160℃に下げて様子を見ながら5分焼く。

25 ハロウィンかぼちゃ　Photo P.70

● **材料**（10〜13枚）

プレーン生地
　薄力粉　75g
　粉糖　30〜35g
　無塩バター　50g
　卵黄　½個分
　塩　適量
〈仕上げ・共通〉
黒ゴマ、かぼちゃの種　各適量

a			
80g	紫いもパウダー	小さじ1強	……C・D・E
80g	かぼちゃパウダー	小さじ1強	……A・B
5g	プレーンのまま		……F

b		
80g	ブラックココアパウダー	小さじ½強
80g	抹茶パウダー	小さじ½
5g	プレーンのまま	

①の写真内

約3.5cm
約4.8cm

● **作り方**（aの例で解説します）

1
プレーン生地を作ったら、材料表を参考にして色生地を作る。さらに紫いも生地は40g（C）、20g（D）、20g（E）に、かぼちゃ生地は半分に分ける。

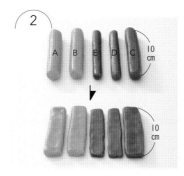

2
A〜Eの生地をすべて10cmの円柱に成形し、指の腹でつぶして平らにする。Fは7cmの円柱にする。すべて冷凍庫に入れて冷やす。

3
10〜15分経ったらA〜Eを取り出す。Cを中心に、色が交互になるように縦に並べてつける。

83

4
ラップで包み、ラップの上から手のひらで軽く押して生地をなじませる。冷凍庫で1時間以上冷ます。

5
④を常温で10〜15分解凍し、5mm幅にカットする。

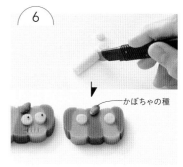

6
Fを1mm幅にカットして目をのせ、かぼちゃの種を頭にのせて軽く押し込む。

かぼちゃの種

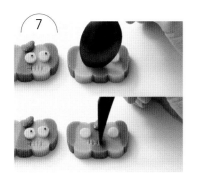

7
スプーンとナイフの先、つま楊枝などで口をつける（中心からずらしたり斜めにするとユニークな表情になる）。

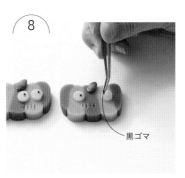

8
黒ゴマのとがっているほうをピンセットなどで目に差し込む。

黒ゴマ

9
170℃に予熱したオーブンで15分、150〜160℃に下げて様子を見ながら5分焼く。

26 ガイコツ　27 ミイラ　Photo P.70

● 材料（10〜13枚）

プレーン生地
| 薄力粉　75g
| 粉糖　30〜35g
| 無塩バター　50g
| 卵黄　½個分
| 塩　適量

〈 仕上げ・ミイラ 〉
ホワイトチョコレート
　適量

①の写真内

ガイコツ a

14g	紫いもパウダー		
	少量（耳かき1〜2杯分）①	……D〜G
151g	抹茶パウダー　小さじ⅔ ⑦	……A〜C

ガイコツ b

14g	ブラックココアパウダー	
	少量（耳かき1〜2杯分）①	
151g	プレーンのまま ⑦	

● ガイコツの作り方（aの例で解説します）

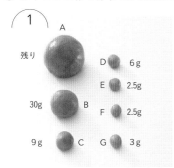

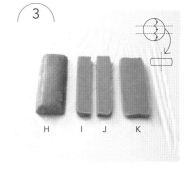

プレーン生地を作ったら、材料表を参考にして色生地を作る。さらに⑦は、30g（B）、9g（C）、残り112g（A）の3つに、①は2.5gを2つ（E・F）、3g（G）、残り6g（D）の4つに分ける。

A〜Fの生地を写真の形、サイズを参照して成形する。Gは鼻になるので細い二等辺三角柱に成形する。すべて冷凍庫に入れて冷やす。

10〜15分経ったらAを取り出し3等分にカットする。さらに中央の生地を縦に2等分にカットする。H〜Kまでの4つのパーツができる。

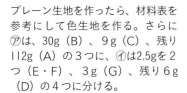

Kをラップの上に中心にG（鼻）を取り出し、二等辺三角柱の頂点が上になるようにのせる。

GをはさむようにI、Jをのせる。

ラップで包み、上・サイドから軽く押してなじませる。

なじんだ状態。

よく冷やして硬くしたE、Fを取り出し、⑦の鼻の横に埋め込む（目になる）。

Hをラップの上からめん棒で軽くのして、⑧の幅に合わせる。

84

ミイラ

9g	かぼちゃパウダー
	少量（耳かき1杯分）……B～G
156g	ブラックココア　大さじ½……A

P.86①の写真内

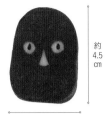

約4.5cm　約4.5cm

約3.5cm　約3.2cm

⑩

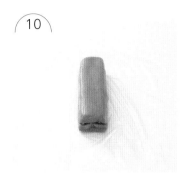

⑧の上に⑨をのせる。

⑪

ラップで包み、軽く押してなじませる。冷凍庫で冷やす。

⑫

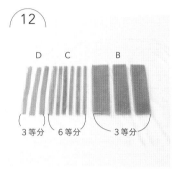

D　C　B

3等分　6等分　3等分

B、C、Dを取り出し、それぞれ写真のようにカットする。

⑬

Bを2枚重ねる。

⑭

ラップの上からめん棒で軽くのしてなじませる。

⑮

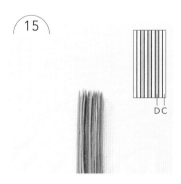

D C

⑭の上に、C、Dを図のように縦に並べる。

⑯

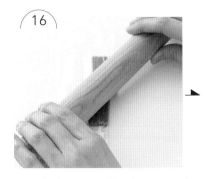

ラップで包み、めん棒で軽くのしてなじませる。

⑰

⑱

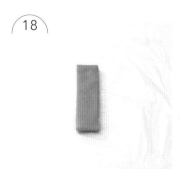

Bの残り1枚を重ねる。

19

ラップの上から軽く押してなじませる。

20

⑪を取り出し、ラップの上に目が下になるように置く。

21

⑲のB1枚のほうが⑳につくように、中心にのせる。

22

ラップでくるみ、上・サイドから指の腹で軽く押して生地同士をなじませる。

23

ラップで包み、冷凍庫で1時間以上冷やす。

86

24

㉓を常温で10〜15分解凍し、5mm幅にカットする。

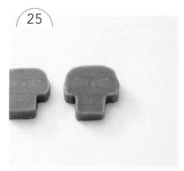

25

170℃に予熱したオーブンで15分、150〜160℃に下げて様子を見ながら5分焼く。

26

他のクッキーの余った生地でリボンを作ってつければ女子ガイコツに！

● ミイラの作り方

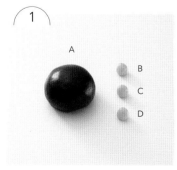

1

A

B
C
D

プレーン生地を作ったら、材料の表を参考にして色生地を作る。かぼちゃ生地は3等分にする。

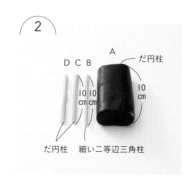

2

DCB　A
　　　　だ円柱
10 10　　　10
cm cm　　　cm

だ円柱　細い二等辺三角柱

A〜Dの生地を写真の形、サイズを参照して成形する。Bは鼻になるので細い二等辺三角柱に成形する。すべて冷凍庫に入れて冷やす。

3

E F G H

10〜15分経ったらAを取り出し、3等分にカットする。さらに中心の生地を縦に2等分にカットする。E〜Hまでの4つのパーツができる。

④

B（鼻）を取り出し、Hの中心に二
等辺三角柱の頂点が上になるように
のせる。

⑤

BをはさむようにF、Gをのせ、軽
く押してなじませる。

⑥

C、Dを取り出し、⑤の鼻の左右斜
め上に埋め込む（目になる）。

⑦

Eを⑥の上にのせる。

⑧

ラップで包み、軽く押してなじませ
る。

⑨

冷凍庫で１時間以上冷やす。

⑩

⑨を常温で10〜15分解凍し、5mm
幅にカットする。

⑪

箸の先を水で軽く湿らせて黒ゴマを
つけ、目の位置に細いほうが上にな
るように縦にのせて、軽く押し込む。

黒ゴマ

⑫

170℃に予熱したオーブンで15分、
150〜160℃に下げて様子を見なが
ら5分焼く。

⑬

クッキーが冷めたら、湯せんでやわ
らかくしたホワイトチョコレート
（分量外）をしぼり出し袋に入れ、
頭の左右に絞り出す。

⑭

目を囲むようにして、鼻の下あたり
から左右に絞り出す。

⑮

あごまで絞り出したら、チョコレー
トが固まるまで冷蔵庫で冷やす。

28　カップケーキ　Photo P.72

● **材料**（10〜13枚）

プレーン生地
　薄力粉　75g
　粉糖　30〜35g
　無塩バター　50g
　卵黄　1/2個分
　塩　適量

a		①の写真内
53g	プレーンのまま	……B・D
25g	いちごパウダー　小さじ1	……C
87g {	ココアパウダー　小さじ2/3	……A
	ミックスベリー　10g	

● **作り方**（aの例で解説します）

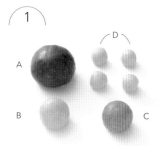

1
プレーン生地を作ったら、材料表を参考にして色生地を作る。プレーン生地は25g（B）、7g×4（D）に分ける。

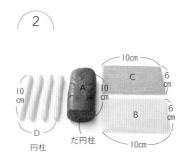

2
A〜Dの生地を写真の形、サイズを参照して成形する。すべて冷凍庫に入れて冷やす。

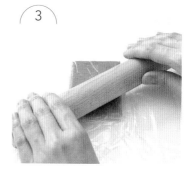

3
10〜15分経ったらC、Bを取り出し、ラップの上に重ねる。ラップで包みめん棒で軽くのし、冷凍庫で冷やす。

88

4
Aを取り出し、ラップの上に置き、上部に菜箸で4本の溝を作る。

5
Aの溝に、よく冷えたDを入れ込む。

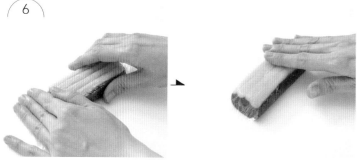

6
ラップで包み、両サイド・上から押して生地をなじませる。冷凍庫で冷やす。

7
③を取り出し4等分にカットする。

b
53g	プレーンのまま	
25g	ブラックココアパウダー	小さじ½
87g	抹茶パウダー	小さじ⅔
	ホワイトチョコチップ	10g

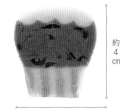

約4cm

約3.5cm

8

ラップの上に、しまになるように縦に並べる。

9

ラップで包み、サイドを軽く押してなじませる。

10

めん棒で軽くのす。

11

定規2本をサイドに当て、台形柱になるように成形する。冷凍庫で10〜15分冷やす。

12

⑪が冷えたら取り出し、ラップの上に台形柱の底を上にして置く。

13

⑫の上に⑥をのせる。

14

ラップで包み、生地同士をなじませる。

15

冷凍庫で1時間以上冷やす。

16

⑮を常温で10〜15分解凍し、5mm幅にカットする。170℃に予熱したオーブンで15分、150〜160℃に下げて様子を見ながら5分焼く。

29　カメラ　Photo P.73

● **材料**（10〜13枚）
プレーン生地
　薄力粉　75g
　粉糖　30〜35g
　無塩バター　50g
　卵黄　½個分
　塩　適量

			①の写真内
21g	プレーンのまま	……B・C
144g	ブラックココアパウダー　小さじ1½	……A・D

約4.2cm
約3.5cm

● **作り方**（aの例で解説します）

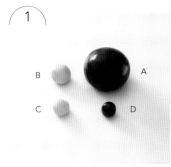

① プレーン生地を作ったら、材料表を参考にして色生地を作る。プレーン生地は15g（B）と6g（C）に、ココア生地は139g（A）と5g（D）に分ける。

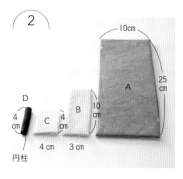

② A〜Dの生地を写真の形、サイズを参照して成形する。すべて冷凍庫に入れて冷やす。

③ 10〜15分経ったらC、Dを取り出す。Cをラップの上に置き、Dを端にのせる。

90

④ 生地をラップごと持ち上げるようにして隙間のないように巻く。

⑤ ラップで包み、冷凍庫で冷やす。

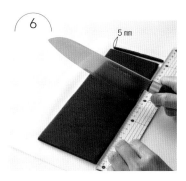

⑥ Aを取り出し、端から5mmのところでカットする。

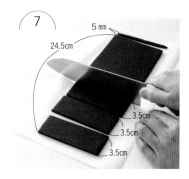

⑦ 残りを7等分（3.5cmずつ）にカットする。

⑧ ⑦の7枚を重ねる。

⑨ ラップで包み、なじませる。

Bを取り出し、⑨の上にのせ、⑥でカットした5mmのパーツを左端に置く。ラップで包み、冷凍庫で1時間以上冷やす。

⑩を常温で10〜15分解凍し、5mm幅にカットする。

1mm幅にカットした⑤を真ん中にのせる。170℃に予熱したオーブンで15分、150〜160℃に下げて様子を見ながら5分焼く。

11 草　Photo P.26

● **材料**（10〜13枚）
プレーン生地
　薄力粉　75g
　粉糖　30〜35g
　無塩バター　50g
　卵黄　½個分
　塩　適量

半分（82.5g）　抹茶パウダー　小さじ½強……A
半分（82.5g）　抹茶パウダー　小さじ¼　　……B

①の写真内

約3cm

約4.8cm

● **作り方**

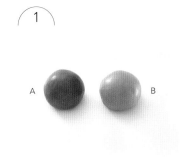

プレーン生地を作ったら、材料表を参考にして色生地を作る。

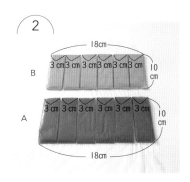

それぞれの生地を写真のサイズの板状に成形する。冷凍庫に入れて10〜15分冷やしてから、6等分にカットする。

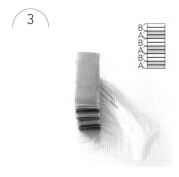

ラップの上にA、Bをそれぞれ2枚ずつ重ねたものを交互に重ねる。

91

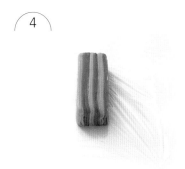

ラップで包み、軽く押して生地同士をなじませる。冷凍庫で1時間以上冷やす。

④を常温で10〜15分解凍し、5mm幅にカットする。

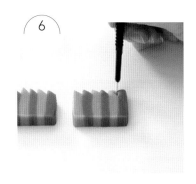

ナイフで上部をギザギザにカットする。170℃に予熱したオーブンで15分、150〜160℃に下げて様子を見ながら5分焼く。

30　トースト + 具材　Photo P.74

● **材料**（10〜13枚）
プレーン生地
　薄力粉　75g
　粉糖　30〜35g
　無塩バター　50g
　卵黄　½個分
　塩　適量

50g	ココアパウダー	
	小さじ½	……B
2.5g	イチゴパウダー	
	少量（耳かき1杯分）	……E
3.5g	かぼちゃパウダー	
	少量（耳かき1杯分）	……F・G
109g	プレーンのまま	……A・C・D

①の写真内

約3.5cm

約4.2cm

● **作り方**

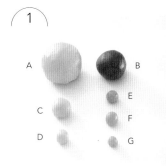

1　プレーン生地を作ったら、材料表を参考にして色生地を作る。プレーン生地は98.5g（A）、8g（C）、2.5g（D）に、かぼちゃ生地は2.5g（F）、1g（G）に分ける。

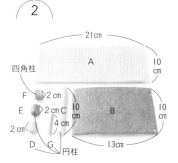

2　A〜Gの生地を写真の形、サイズを参照して成形する。冷凍庫で冷やす。

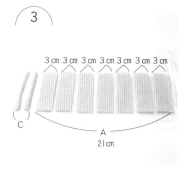

3　10〜15分経ったらA、Cを取り出す。Aは3cm幅にカットして7枚のパーツを作る。Cは半分にカットする。

4　ラップの上にAを7枚重ねて置く。

5　ラップで包み、上・サイドから軽く押して生地同士をなじませる。

6　③でカットしたCを上部の両サイドにつける。

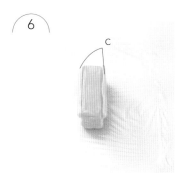

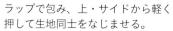

7　ラップで包み、上・サイドから軽く押してなじませる。

8　なじませたところ。ラップで包み、冷凍庫で10〜15分冷やす。

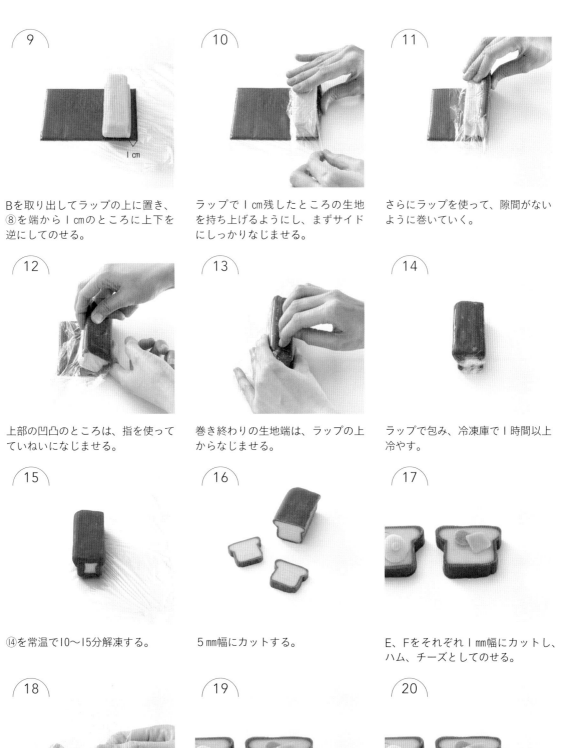

9	10	11

Bを取り出してラップの上に置き、⑧を端から1cmのところに上下を逆にしてのせる。

ラップで1cm残したところの生地を持ち上げるようにし、まずサイドにしっかりなじませる。

さらにラップを使って、隙間がないように巻いていく。

12	13	14

上部の凹凸のところは、指を使っていねいになじませる。

巻き終わりの生地端は、ラップの上からなじませる。

ラップで包み、冷凍庫で1時間以上冷やす。

15	16	17

⑭を常温で10〜15分解凍する。

5mm幅にカットする。

E、Fをそれぞれ1mm幅にカットし、ハム、チーズとしてのせる。

18	19	20

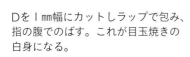

Dを1mm幅にカットしラップで包み、指の腹でのばす。これが目玉焼きの白身になる。

⑰のハムとチーズの上に⑱の白身をのせる。

Gを1mm幅にカットし、目玉焼きの黄身として白身の中央にのせる。170℃に予熱したオーブンで15分、150〜160℃に下げて様子を見ながら5分焼く。

31　コーヒーカップ　Photo P.74

● **材料**（10〜13枚）

プレーン生地
　薄力粉　75g
　粉糖　30〜35g
　無塩バター　50g
　卵黄　½個分
　塩　適量

①の写真内

20g	ココアパウダー　小さじ⅕	……C
7.5g	ブラックココアパウダー	
	少量（耳かき1杯分）	……D
137.5g	プレーンのまま	……A・B

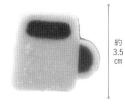

約3.5cm

約4.0cm

● **作り方**

1

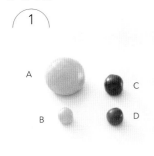

プレーン生地を作ったら、材料表を参考にして色生地を作る。プレーン生地は8g（B）と残り129.5g（A）に分ける。

2

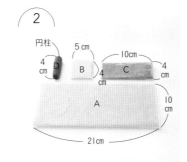

A〜Dの生地を写真の形、サイズを参照して成形する。A、Cは冷凍庫で冷やす。

3

10〜15分経ったらB、Dを取り出す。ラップの上にBを置き、Dを端にのせてきっちり巻く。

94

4

ラップで包んで、冷凍庫で冷やす。

5

Aを取り出し、3cm幅7枚にカットする。

6

⑤をラップの上に6枚重ねて置き、1枚は冷凍庫で冷やす。

7

ラップで包み、上・サイドから指の腹で押して、6枚の生地をなじませる。

8

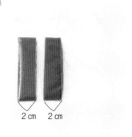

Cを取り出し、半分にカットする。

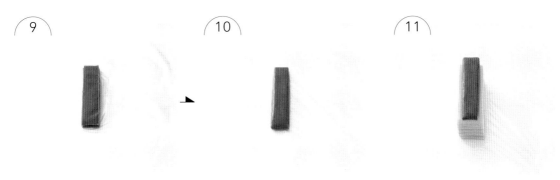

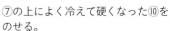

⑧をラップの上に2枚重ねて置き、ラップで包み、めん棒などで軽くのしてなじませる。冷凍庫で冷やす。

⑦の上によく冷えて硬くなった⑩をのせる。

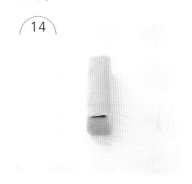

ラップに包み、上から軽く押してなじませる。

なじんだところ。

⑥で残しておいた1枚を常温に置いてやわらかくしてから、⑬にのせる。

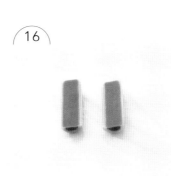

ラップで包み、生地同士をなじませる。

④を取り出し縦半分にカットする。

⑮を倒し、⑯を側面にのせる。

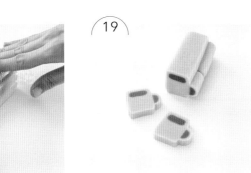

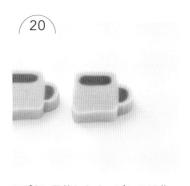

ラップで包み、指の腹で軽く押してなじませる。冷凍庫で1時間以上冷やす。

⑱を常温で10～15分解凍し、5mm幅にカットする。

170℃に予熱したオーブンで15分、150～160℃に下げて様子を見ながら5分焼く。

えん93
えん きゅーさん

お菓子作家・クマ彦クッキー考案者。見てかわいい、食べておいしいオリジナルの絵柄の入ったアイスボックスクッキーをSNSに投稿。ていねいで繊細なデザインのアイスボックスクッキーは、国内海外のファンに支持されInstagramのフォロワー数は16万人を超える。製菓店に4年間ほどの勤務経験もあり。現在はワークショップを中心に活動を行っている。著書に『世にもかわいいクッキー缶レシピ』(宝島社)がある。

https://www.instagram.com/en93kitchen/
https://ameblo.jp/en93-kitchen/

Staff

撮影　公文美和　江藤あやめ
デザイン　三上祥子(Vaa)
イラスト　えん93
企画編集　株式会社 童夢
撮影協力　UTUWA
材料協力　cotta (https://www.cotta.jp/)

どこを切ってもほのぼの　クマ彦とおいしい仲間たちの楽しいおやつ

えん93のアイスボックスクッキー
きゅーさん

2020年1月16日　発行
2021年11月15日　第3刷

NDC596

著　者　えん93
　　　　きゅーさん
発行者　小川雄一
発行所　株式会社 誠文堂新光社
　　　　〒113-0033 東京都文京区本郷3-3-11
　　　　電話 03-5800-5780
　　　　https://www.seibundo-shinkosha.net/
印刷所　株式会社 大熊整美堂
製本所　和光堂 株式会社

© 2020, En 93.
Printed in Japan